普通高等教育会计学专业系列教材

会计学原理
手工模拟实验教程

第3版

主　编　朱静玉　董　丽
参　编　王玉蓉　陈艳艳　牟小容　陈晓敏
　　　　李晓明　范海峰　石　敏　马亚男

机 械 工 业 出 版 社

本书以财政部颁布的《会计基础工作规范》和《企业会计准则》为依据，强调初学者对会计信息加工流程等基础知识的掌握。本书以制造业企业为例，全面介绍了会计学原理手工模拟实验的流程；系统地介绍了企业会计核算业务的流程和处理规范，如建立账户、填制审核原始凭证、填制记账凭证、登记账簿、编制财务报表等会计业务处理的方法和规范；注重会计信息系统与业务信息系统的一体化，注重企业会计信息系统与银行、供应商、客户等外部单位信息系统之间的互联端口介绍，为入门者理解会计信息化工作、完善会计管理和内部控制提供知识准备。

为了将基本技能知识与实际操作有机结合起来，本书第五章提供了模拟企业一个月的经济业务资料，设计了记账凭证账务处理程序和科目汇总表账务处理程序两种实验内容，初学者只要掌握了复式记账的基本原理即可按照设计的实验步骤进行会计信息的加工处理，完成从原始凭证到财务报表的实践操作。

本书可作为普通高等院校经济、管理类专业会计学原理、会计学基础、基础会计学等课程的配套教材，也适用于会计凭证编制、会计账簿登记、财务报表编制等内容的课堂教学，还可作为会计人员的上岗培训教材。

图书在版编目（CIP）数据

会计学原理手工模拟实验教程/朱静玉，董丽主编. —3版. —北京：机械工业出版社，2023. 12（2024. 12重印）
普通高等教育会计学专业系列教材
ISBN 978-7-111-74513-6

Ⅰ. ①会… Ⅱ. ①朱… ②董… Ⅲ. ①会计学-高等学校-教材 Ⅳ. ①F230

中国国家版本馆CIP数据核字（2023）第243717号

机械工业出版社（北京市百万庄大街22号 邮政编码100037）
策划编辑：刘 畅　　责任编辑：刘 畅
责任校对：郑 雪 梁 静　　封面设计：王 旭
责任印制：邓 博
北京盛通数码印刷有限公司印刷
2024年12月第3版第2次印刷
169mm×239mm · 12.5印张 · 159千字
标准书号：ISBN 978-7-111-74513-6
定价：45.00元

电话服务
客服电话：010-88361066
010-88379833
010-68326294

网络服务
机 工 官 网：www.cmpbook.com
机 工 官 博：weibo.com/cmp1952
金 书 网：www.golden-book.com
机工教育服务网：www.cmpedu.com

第 3 版前言

自 2019 年以来，我国的会计环境发生了一些变化，如增值税税率的调整。相关部门发布了一系列的法律法规，如《财政部关于修订印发 2019 年度一般企业财务报表格式的通知》《国家税务总局关于增值税发票综合服务平台等事项的公告》（国家税务总局公告 2020 年第 1 号）、《国家档案局办公室等四部门关于进一步扩大增值税电子发票电子化报销、入账、归档试点工作的通知》（档办发〔2021〕1 号）等。为了适应会计环境的变化和人工智能对会计职业的挑战，本书第 3 版在第 2 版的基础上进行了修订和完善。修订的内容如下：

（1）根据新的法规补充了增值税电子普通发票样板，在第四章第五节中补充了会计信息系统与业务信息系统对接的相关内容，企业会计信息与银行、供应商、客户等外部单位信息之间对接相关内容的介绍。

（2）按照《财政部关于修订印发 2019 年度一般企业财务报表格式的通知》修改了第四章第六节。

（3）按照我国 2022 年现行增值税税率修订了有关业务的增值税税率。

（4）对第五章第二节进行了补充，如补充企业研究开发活动支出业务、捐赠业务等，使企业经济业务更加多元化。还根据读者反馈的意见对部分原始凭证的内容进行了完善。

本书是华南农业大学精品实践课程——“会计学原理实验”的配套教材，本书的修订得到了华南农业大学教务处和经济管理学院领导的大力支持和帮助，在此表示深深的谢意。

编　者

第 2 版前言

经济越发展，会计越重要。在经济社会的发展过程中，会计人员通过运用自身技能所生成并提供的会计信息，在引导社会资源配置、保障社会公众利益、维护国家经济安全和市场经济秩序等方面，发挥着重要的基础作用。

会计从业资格证书的取消和“会计机器人”的出现，改变了会计入门的门槛，大量会计基础工作将被人工智能替代，那么有关会计入门知识的教育就不被需要了吗？非也！理解经济事项的会计处理怎样影响财务报表，了解经济事项会计确认、计量、记录与财务报告的密切关系，是会计人才更新知识、拓展技能的基础，也是会计人员树立诚信意识、遵守职业道德规范的基石。

本书第 2 版在第 1 版的基础上从以下几个方面进行了修订：

（1）基于会计从业者终身职业技能学习、就业创业和人才成长的需要，对第四章的会计账户建立、原始凭证的填制和审核、记账凭证的填制和审核、账簿登记和财务报表编制等内容进行了进一步梳理，以满足初学者的学习需要。

（2）第五章第二节所涉及的购买运输、保险等服务业企业劳务的相关原始凭证，按照我国“营改增”的相关法规和《国家税务总局关于增值税发票管理若干事项的公告》（国家税务总局公告 2017 年第 45 号）的规定进行了修订。

（3）随着信息技术的进步，越来越多的企业在收付款项时采用手机银行、网上银行等方式进行自助结算，自助打印电子票据，教材修订时最大限度地考虑了这些情况，在设计模拟原始凭证时力求与实际一致，提高了实验的真实性和现实性。

本书是华南农业大学精品实践课程——“会计学原理实验”的配套教材，本书的修订得到了华南农业大学教务处和经济管理学院领导的大力支持和帮助，在此表示感谢。

编 者

第 1 版前言

企业投资者、债权人、政府、管理者、客户及供应商等都是企业会计信息的使用者，他们从不同侧重点关注企业财务报告。财务报告的中心部分是财务报表，它集中了财务会计最有用的信息。财务报表把企业的财务状况、经营成果等信息传递给关注企业成长的会计信息使用者。财务报表的质量在一定程度上依赖于严谨的信息处理程序和方法，依赖于会计人员一丝不苟的工作作风和专业素养。

会计人员是财务报表的“生产者”，必须具备会计确认、计量、记录和报告的专业技能。虽然当下的计算机可以通过会计软件直接生成财务报表，但是会计人员还应通过会计入门阶段的手工实验课程掌握财务报表生成的过程，理解经济事项的会计处理怎样影响财务报表，了解经济事项会计确认、计量、记录与财务报表的密切关系，更加清晰地感受会计核算的严肃性和严谨性。因此会计手工模拟实践是其他实习所无法替代的，不仅有利于“会计学原理”课程的教学，也有利于“中级财务会计”“成本会计”等课程的教学。

本书的目标定位于会计初学者对会计处理技能及流程的掌握，以及对会计处理技能在实践中的运用。

本书的主要特点表现在以下三个方面：

（1）实践操作性强。本书最大限度地按照会计处理流程，介绍财务会计处理的技能和方法。第四章会计学原理手工模拟实验专业知识准备部分，根据多年来初学者在手工会计实践中常出现的问题，从账簿的准备、建立账户、原始凭证的填制和审核、记账凭证的填制和审核，到总账、日记账、明细账的登记与对账、结账，再到财务报表的编制，较详细地介绍了会计处理的技能和方法。第五章第三节的原始凭证设计均参照了当前企业经济活动中实际使用的票据，仿真性较强。

（2）强调初学者的自主学习。“会计学原理实验”课程是与“会计学原理”课程相配套和衔接的一门会计实务操作课程。初学者只要具备借贷记账方法的知识，就能够通过学习本书的内容，独立进行实践操作，达到提高会计理论知识水平的目的。

（3）通俗易懂。本书突出易读性和会计处理的规范性，对会计处理技能和流程的介绍，运用了大量的图和表，其目的是满足初学者的自学需要，方便他们理解手工加工会计信息数据的方法。

本书的出版得到了华南农业大学经济管理学院领导和实验中心老师的大力支持和帮助，他们为本书付出了大量的劳动，在此深表谢意。华南农业大学经济管理学院的研究生王俊强、王嘉发、肖家建同学也为本书原始凭证的整理提供了很大的帮助，也在此表示感谢。

编　者

目　录

第一章

会计学原理手工模拟实验目的与要求

了解会计学原理手工模拟实验的目的和要求，明确为什么进行会计学原理手工模拟实验、怎样完成会计学原理手工模拟实验，对于提高会计学原理实践效果非常重要。

第一节　会计学原理手工模拟实验目的

企业是一系列契约的联结体，其利益相关者包括企业的股东、管理人员、债权人、消费者、供应商、员工及社会公众等。会计的作用在于对企业的经济活动以及不同利益相关者的利益冲突与协调过程进行确认、计量、记录和报告，并进行相应的会计管理。所以会计人员既要懂得会计技术，也要懂得会计所具有的经济后果。经济及管理类各专业的学生不仅要系统学习经济学、工商管理学理论知识，还要系统学习和掌握会计学基本理论知识，并相应掌握对会计技术的动手操作能力。

会计学原理是关于会计学学科基本原理和方法的课程。会计学原理的学习，除了要掌握会计学的基本原理和方法之外，还必须兼顾实践操作的环节。会计学原理手工模拟实验就给在校学生提供了一个将会计基础理论知识和实际操作相结合的平台。具体而言，会计学原理手工模拟实验的目的主要表现在以下几个方面。

1. 强化会计基础理论，加强对会计信息加工系统的认知

学生经过借贷记账方法、会计循环的学习，已经对会计基础理论知识有了

一定的把握，但是大部分理论知识只是停留在“概念”层面。在这个层面，学生还无法将理论知识与会计实务连接，无法将会计技术落到实处。会计学原理手工模拟实验是很好的媒介之一，它能使学生把所学过的基本理论和基本方法与会计具体业务操作有机地结合起来，使学生对会计核算、会计分析等会计技术有一个较为完整的感性认识，可加深对已经学习过的会计理论知识的理解。

会计学原理手工模拟实验通常在仿真的企业经济活动之下进行。学生会以模拟企业会计人员的身份，亲身体验目标企业所发生的经济业务，亲自对目标企业经济业务的会计确认、计量、记录和报告动手操作，从而强化学生对会计处理流程的认识，提升学生对企业价值资源整合方式方法的理解能力，为做好会计管理工作创造了有利条件。

2. 熟悉企业经济业务及会计工作岗位职责，培养会计职业素养

不同的行业、不同工作岗位有其不同职责、服务对象和服务手段，职业活动中的人际关系也不尽相同。会计工作通常由一系列相互连接的工作构成，从凭证的审核、填制到账簿登记和财务报表编制、分析等。由于企业内部控制的需要，实际工作中，各个不同岗位的会计工作是由不同的会计人员分工进行的，一个人只能接触到一项或几项会计工作，不可能整个会计核算流程全部由一个人完成。特别是随着企事业单位经济业务的多样化、复杂化以及财务软件的使用，每个岗位都有一定的权限和职责，会计人员往往只能接触到某一个岗位的业务范围。供职于企事业单位的会计人员，除了要有强硬的会计专业技术外，服从与协调也是其职业特征之一。

学习会计学原理手工模拟实验，不仅能让学生对会计核算工作有一定的了解，还能培养学生对数据进行搜集、加工、处理的能力。除此之外，学生还可以熟悉会计不同岗位的主要工作与职责，理解会计岗位权限设置，独立按照职业标准行使职责；可以明白管理上要服从机构管理当局的指令，协调好企业各个职能部门与会计的关系。

学习会计学原理手工模拟实验，还可以培养和锻炼学生严谨、认真、一丝不苟的工作作风，实事求是的工作态度，严格按照会计规范的要求完成各项会计工作，树立良好的会计职业道德。

3. 提升实践操作能力，培育会计管理能力

会计学原理是实践操作性较强的课程之一，它要求学生重点掌握会计学基本原理的同时，还要培养学生的动手能力，从课堂理论教学到实际实践操作，再上

升到理论，使学生的理论思维升华，实践能力增强。

会计学原理手工模拟实验通过模拟目标企业经济活动，要求学生根据目标企业实际情况建账、填制和审核原始凭证、填制和审核记账凭证、登记总账以及明细分类账簿、编制财务报表，完成整个会计核算工作流程。实际操作总账与明细分类账平行登记、结账、对账以及错账更正等会计学原理课程内容中的重要会计技术，可以提升学生实践操作的能力和水平。学生还可以利用生成的财务会计数据，熟悉企业报税、财务分析等业务，提高会计信息的管理、使用能力，提高未来管理企业的能力。

第二节　会计学原理手工模拟实验要求

会计学原理手工模拟实验是在学习会计基础理论知识和会计规范的基础上，由学生动手审核和填制原始凭证、填制和审核记账凭证；依据要求建立总账、明细账、序时账；登记各种账簿；编制财务会计报表；完成会计档案装订归档等事项，做到会计理论与实操的同步结合，缩短理论和实践的差距。具体而言，学生必须做到以下几个方面。

1. 掌握会计基础理论知识

熟练掌握会计基础理论知识是做好会计学原理手工模拟实验的前提。为了使模拟实验能够顺利进行，学生必须在课前认真复习所学的知识，包括会计目标、会计科目与账户、借贷记账法、原始凭证填制与审核、记账凭证的填制与审核、总账与明细账的平行登记等相关知识以及会计规范，为实验做好准备。

2. 熟悉模拟目标企业的业务流程及会计政策

会计以货币为主要计量单位，对企业发生的经济业务进行确认、计量、记录与报告。学生在动手实验之前，必须熟悉模拟企业所在行业的业务或工艺流程，了解模拟企业的经济环境（如所适用的税种及税率），了解模拟企业所选择的会计政策等，以便实验顺利进行。

3. 严格按照会计规范以及模拟实验的程序进行操作

规范操作是会计模拟实验以及会计工作的基本前提和要求，基本操作规范要符合《会计基础工作规范》，对模拟的经济业务进行会计核算要符合《中华人民共和国会计法》《企业会计准则》的要求。在实际操作中，严格按照会计信息传递的路线和会计工作流程完成每项任务，切忌为了赶进度而在缺乏依据的情况下进行会计记录。

4．完成会计确认、计量、记录与报告，形成会计档案

会计学原理模拟实验一般以一个模拟企业一个月的主要经济业务为背景，由学生完成从会计凭证的填制、会计账簿登记、会计报表编制到会计档案整理的整个会计循环工作，学生应填制、审核模拟企业的原始凭证，进行会计确认和计量，编制记账凭证，在序时账、总账以及有关明细账中进行登记并定期编制模拟企业的财务报表，对外报告企业的财务状况和经营业绩，进行简要的财务分析和实验总结，形成一整套模拟企业一个月的完整会计档案，会计档案将作为评定成绩的依据。

第二章

会计学原理手工模拟实验流程

会计学原理手工模拟实验流程包括实验的准备、实验的组织安排、学生熟悉目标企业、教师示范、学生自主操作、实验中的教师辅导、成绩评定等。

第一节　会计学原理手工模拟实验准备

会计学原理手工模拟实验是一项理论与实践相结合的工作，在进行模拟实验的过程中不仅仅需要运用所学的理论知识，更重要的是要使理论和实践在实验中有机地结合。因此，必须在模拟实验之前做好两项准备工作，即专业知识准备和会计实验材料准备。

1. 专业知识准备

专业知识主要是指在“会计学原理”“管理学原理”和“企业会计”等相关课程中学过的管理及会计的基本理论知识，包括会计工作的主要业务流程和会计业务处理技术规范要求等。会计主要业务流程包括建账、填制和审核原始凭证、填制和审核记账凭证、登记账簿（包括日记账、明细账、总账）、编制财务会计报表等，不仅要熟悉会计循环中每个主要环节的工作流程，而且要熟悉一个完整会计循环的工作流程。在会计业务处理技术规范要求方面，应当熟悉会计科目和账簿设置的基本要求、各种凭证填制审核规范、各种账簿的登记规范、账账及账实和账证之间的勾稽关系、财务报表以及财务分析等相关知识。认真学习《中华人民共和国会计法》《会计基础工作规范》等会计规范。

2. 会计实验材料准备

会计实验材料准备是开始进行会计手工模拟实验前的准备工作。指导教师首先应该依据学生的客观需要制订好模拟实验计划，确定模拟实验形式；确定实验的账务处理程序（记账凭证账务处理程序，或科目汇总表账务处理程序，或汇总记账凭证账务处理程序，或多栏日记账账务处理程序）；准备好实验设备（包括实验场地）、实验用具及录像等设备；准备好目标企业财务会计制度、会计政策文本以及会计凭证、账簿、报表等会计资料，通常是每一组准备一套完整的会计资料，但是具体应视分组学生人数和分组情况要求而定。

实验材料具体包括以下几个方面。

（1）会计凭证。会计凭证包括原始凭证和记账凭证。原始凭证是登记账簿的原始依据，是在经济业务发生时取得或填制的，用以记录经济业务的发生或者完成情况，主要包括增值税专用发票、现金支票、转账支票、出库单、入库单等。记账凭证是会计人员依据审核无误的原始凭证或汇总原始凭证填制的，是登记账簿的直接依据。

（2）一套完整的会计账簿。会计账簿是以会计凭证为依据，由一定格式和相互联系的账页组成，用来全面、连续、系统地记录每项经济业务的簿籍。会计账簿主要包括总分类账、库存现金日记账、银行存款日记账、明细分类账等，其中，明细分类账（明细账）包括数量金额式、三栏式、多栏式等账页格式。

（3）财务报表。财务报表主要包括资产负债表、利润表、现金流量表、所有者权益变动表。指导教师也可以依据实验需要适当补充其他报表，如财务分析、税务申报用表等。

（4）其他相关材料。例如，在选择科目汇总表进行账务处理程序实验时需要准备科目汇总表，可以依据业务的繁杂程度选择每10天或每月、每季度填制一次。另外，需要准备一些会计工作常用的物品，如纸、笔、印章、印油、印台、账簿封皮、记账凭证封皮、胶水、账簿装订专用钉、账簿标签、档案盒、夹子、大头针等。

第二节　会计学原理手工模拟实验操作方式

模拟实验操作方式关乎实践教学效果的好坏。合理地选择实验操作方式有利于学生更好地熟悉会计技术规程和规范，熟悉会计循环，培养工作中的分工和协作精神，以更好地实现会计学原理手工模拟实验的教学目的。会计学原理手工模拟实验操作方式可以分为以下两种。

1. 模拟实验室内试验

（1）分组实验。分组实验是将学生分成2~3人一组，每一组完成一套会计模拟实验的各种操作。组内学生可以分岗作业。会计工作岗位的设置是多种多样的，在实践操作中可以一人一岗，可以一人多岗或者一岗多人。

分岗作业中，每一组应按照企业内部机构的岗位设置及权限，对每位学生进行岗位分工，合作完成全部模拟实验的内容。这种作业方式能够比较真实、直观地使学生了解各会计岗位的职责和权限及其相互制约、相互监督的关系，也有助于学生了解凭证在各岗位之间的传递过程；但是这种作业方式会导致学生缺乏一种宏观的思维，学生只能在自己分工负责的会计岗位上得到锻炼，而在其他会计岗位上无法得到训练，致使学生通过实践掌握的知识和技能不足，实践中也常常出现“搭便车”现象。

（2）单独实验。单独试验是每个学生独立地完成一整套会计模拟实验的各种操作，对企业的经济业务进行全面、系统的了解，掌握每一笔经济业务的账务处理；对会计循环过程进行全方位、系统性的专业技能训练，提高驾驭实际业务的能力。这种方式加强了对学生各项会计基本技能的锻炼，有助于学生从整个流程的宏观角度理解会计工作；当然该作业方式容易使学生忽视会计工作流程中的信息传递过程，工作量较大，耗用的课时也较多。

2. 开放式模拟实验

模拟实验室内进行的会计学原理手工模拟实验，能够在老师指导下完成全部实验操作，可以比较好地达到实验目的，但是需要专门的实验场地。开放式模拟实验也可以称为自助式模拟实验，是在没有老师现场指导的情况下，学生利用自己的课余时间，在开放的环境下，依据操作规程完全独立地进行实验。学校不需要单独安排课时和占用实验室，但是采用这种方式，学生实验中出现的问题无法及时得到指导和纠正，实践教学效果也会受到影响。

第三节　会计学原理手工模拟实验操作步骤

从实验的整体过程来看，会计学原理手工模拟实验具有顺序性，必须按照实验顺序，逐步操作。会计学原理手工模拟实验主要分为以下几个操作步骤。

1. 熟悉目标企业

学生在实验前应认真了解企业所处的社会、法律、经济环境（如企业适应的税种有哪些？企业适应的增值税税率是多少？所得税税率是多少？享受哪些税收优惠？）；企业的概况（如企业所处行业的基本情况、产品市场情况），企业的组织形式、企业性质、生产工艺流程、组织结构、财会机构的设置以及人员配备情况；熟悉企业会计核算所依据的规范，目标企业会计核算是依据《企业会计准则》还是《企业会计制度》或是《小企业会计准则》；熟悉目标企业财务管理所依据的规范；明确目标企业建立的内部控制和内部监督制度情况；熟悉目标企业选择的会计政策（如固定资产折旧计算方法、发出存货计价方法、利润分配政策等）；搞清目标企业期初余额数字的来龙去脉及相互联系；并注意实践操作中的每个细节。

2. 实验前的教师示范

指导老师讲解实验要求、注意事项、指导学生学习目标企业资料，介绍各项资料的内在联系，帮助学生熟悉实验用具（凭证、账簿、报表等）的用法，并对一般事务操作方法做必要的讲解和演示。

3. 模拟实验中的学生自主操作

深入了解目标企业之后，学生依据目标企业的业务资料进行自主操作。依次完成以下操作步骤。

（1）建账。建立必要的日记账、总账及明细分类账，登记各个日记账账户、总账账户和明细分类账户的期初余额。

（2）根据企业当期的经济业务，填制和审核原始凭证，并依据审核合格的原始凭证填制记账凭证。

（3）审核记账凭证，并根据合格的记账凭证登记总账（或根据合格的记账凭证编制科目汇总表，依据科目汇总表登记总账；或根据合格的记账凭证编制汇总记账凭证，依据汇总记账凭证登记总账）；根据审核合格的原始凭证和记账凭证登记库存现金日记账和银行存款日记账；根据审核合格的原始凭证和记账凭证登记购货日记账、销货日记账和各种明细分类账，并保证总账与明细账的平行登记。

（4）期末进行结账与对账，总结各个账户的借方发生额合计、贷方发生额合计和期末余额；通过编制试算平衡表等方法进行总账之间、总账与明细账之间、总账与日记账之间的对账。

（5）依据核对无误的会计资料编制财务会计报表，并进行简要的报表分析。

（6）将本期会计资料装订成册进行归档。

4. 模拟实验中的教师辅导

在实践操作过程中，学生会遇到这样那样的问题，教师应跟踪整个实践操作过程，并及时了解学生遇到的问题，进行一对一的指导和解答，在鼓励学生不怕犯错的同时，总结出一些比较普遍的问题进行集中的辅导和讲解。对于某些学生经过自己思考可以解决的问题尽量给学生空间，以提高学生的理解能力和动手能力。

教师还应维护实验室实验纪律，督促学生不迟到、早退，杜绝抄袭；维护实验环境，保证实验室整洁卫生。

5. 模拟实验总结

在实验结束之后，学生应该把实验的过程、实验中遇到的问题以及解决办法、实验收获等进行总结并写成文字报告，连同实验材料一起上交老师，作为评定成绩的依据。

教师也应及时对实验过程及学生实践中常见的错误进行总结，以报告的形式进行记录。总结归纳实验中出现的问题，以便在日后的教学中加以改进，为以后的实践教学积累素材，不断提高实践教学质量。除此之外，总结报告也可以作为衡量指导教师教学效果的依据。

6. 模拟实验成绩评定

教师根据学生提交的归档整理的会计凭证、会计账簿、财务报表、财务报表分析等会计档案、实验总结报告及考勤记录，评定成绩。评定成绩时既要考虑会计凭证、会计账簿、财务报表记录的正确性，还要考虑会计处理的规范性。成绩评定各部分分值比例见表 2-1。

表 2-1　成绩评定各部分分值比例

项　目	比　例	项　目	比　例
会计凭证	30%	财务报表	10%
序时账簿	10%	财务报表分析	5%
总账账簿	20%	实验总结报告	5%
明细账簿	20%		

第三章

企业会计组织与内部制度

了解制造业企业组织结构及经济活动、熟悉会计工作职责分工和企业内部制度，有利于更好地开展会计工作。

第一节　企业组织结构与制造业企业经济活动

会计核算要考虑企业组织结构以及各个机构部门的工作目标，会计人员必须要熟悉模拟企业的组织机构设置。

1. 企业组织结构

企业的目标不同，为实现目标所需进行的活动也就不同。根据不同的活动环境和条件，企业需要设立不同的岗位，这些岗位分布在不同的部门。各个部门之间相互联系，形成系统的、有机的整体进行运转。由于企业的经营环境、经营战略、商业模式、技术运用以及规模不同，企业的组织机构设置也会有所差异。无论怎样设置企业组织机构，其目的都是使管理效率最大化。对于经营品种多样化的大型企业来说，为了将企业的多元化经营与专业化管理相结合，促进内部竞争，组织的最高管理层除了保留公关、财务、人事、采购、研究与开发、法律事务等必要的职能外，往往把同一产品的生产、销售工作集中在相同的部门，设立为一个管理部门或分厂。产品部门化企业的组织结构如图 3-1 所示。

2. 制造业企业经济活动

制造业企业是依法自主经营、自负盈亏的商品生产和经营单位，主要经济活动由筹资活动、投资活动和经营活动构成。

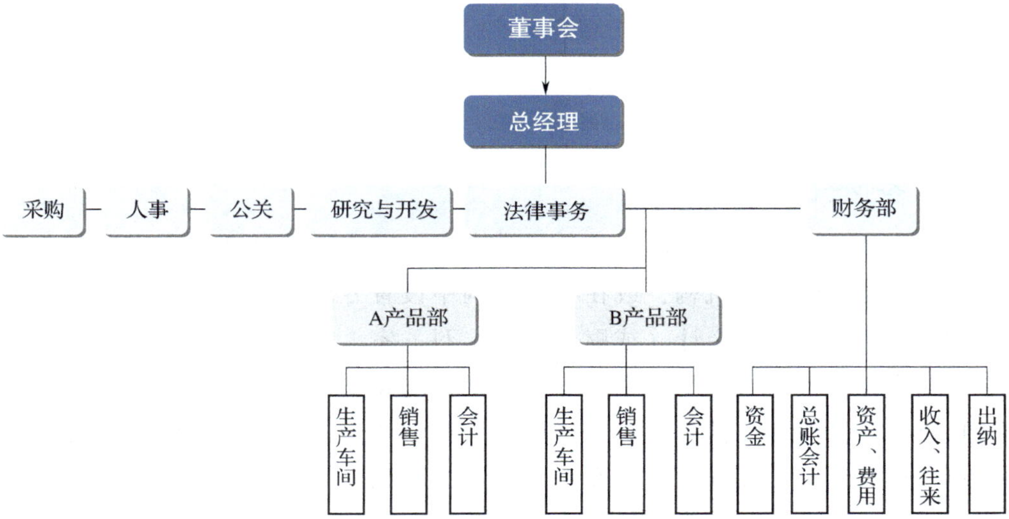

图 3-1　产品部门化企业的组织结构

筹资活动是通过自有资金的筹集和借入资金的筹集，提供经营活动所需要的资金。投资活动是管理者利用筹集到的资金购买企业生产经营过程所需要的各种经济资源并通过经济资源的恰当组合为企业带来经济利益。投资分为内部投资和外部投资，内部投资多为购置建筑物、设备、无形资产等，外部投资多为购买证券和直接将资金投放于本企业以外的其他经济实体。

经营活动是工业产品（或工业性劳务）的生产活动，包括供应、生产和销售三个环节。供应环节是指企业通过购买原材料业务为生产产品做准备的过程；生产环节是指企业的生产工人，运用劳动手段和生产技术，对劳动对象进行加工，生产出工业产品的过程；销售环节是指企业运用各种营销策略、销售渠道和方式，将产品销售给消费者并取得销售收入的过程。随着企业生产经营活动的不断进行，企业的经营资金也相应顺次经过这三个环节，不断进行循环和周转。制造企业生产经营活动过程如图 3-2 所示。

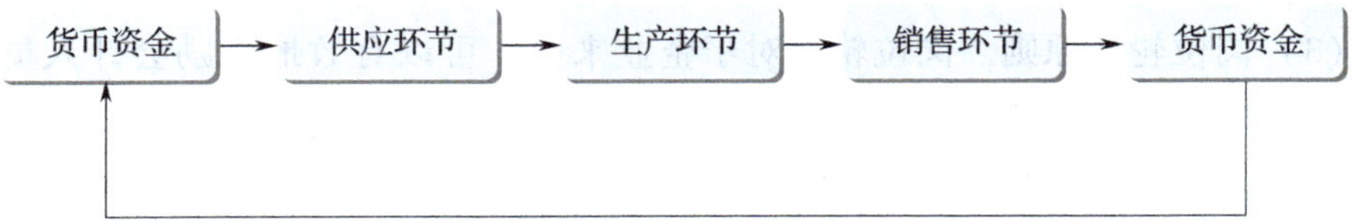

图 3-2　制造企业生产经营活动过程

第二节　企业会计机构与人员

1. 企业会计机构

企业可以根据自身经营和业务规模大小，经济活动复杂程度，设置专门从事会计工作的会计机构，或在有关机构中设置专职的会计人员。企业所设置的会计机构一般为会计（或财务）处、科、室，主要任务是组织和处理本企业的会计事项，如实反映企业经济活动情况及结果，及时向会计信息使用者提供高质量的会计信息。会计机构应当指定负责人，会计机构负责人在一个单位内属于中层领导人员，在企业董事长的领导下，组织、管理本企业所有的会计工作。

2. 会计工作岗位设置的原则

会计工作岗位设置是对企业的会计工作进行分工，以提高会计工作效率，强化内部控制。为了保证会计工作的顺利进行，会计机构内部的会计人员应建立岗位责任制。明确会计岗位设置及各自的职责范围，能够提高会计工作效率。会计工作岗位一般分为：会计机构负责人、出纳、财产物资核算、工资核算、成本费用核算、财务成果核算、资金核算、往来结算核算、纳税业务核算、总账报表、稽核、档案管理等。会计工作岗位可以一人一岗，也可以一人多岗或一岗多人，在确定岗位时，应坚持内部牵制原则。具体设置原则如下：

（1）适应性原则。应当依据企业的经营规模、业务范围、风险水平等来考虑需要设置哪些岗位，哪些岗位可以合并，哪些岗位可以分设。

（2）内部牵制原则。岗位设置应当在权责分配、工作流程等方面形成互相制约、相互监督，同时兼顾效率。例如，企业出纳人员不得兼任稽核、会计档案保管和收入、支出、费用、债权债务账目的登记工作。

（3）岗位轮换原则。岗位轮换对于企业来说，可以有效地激励会计人员，避免违法乱纪；对于会计模拟实验来说，可以使学生熟悉各个岗位上的业务操作，有利于学生掌握整个会计核算工作流程。

3. 会计工作岗位的职责和权限

（1）财务总监的职责和权限。财务总监负责整个企业的财务工作，在企业的运营中具有举足轻重的作用。其主要的职责与权限包括组织进行财务管理工作；负责拟定企业资本预算、资本运营等重要理财方案；负责保管企业的财务印鉴，对出纳所填制的银行结算单据进行审核，并在结算单据、企业对外的原始凭证上加盖财务专用章或相关印章。

（2）会计主管及综合岗的职责和权限。会计主管负责企业会计制度的设计和贯彻执行，审核记账凭证和试算平衡，编制相关财务报表和相关报告。综合岗负责审核原始凭证，填制记账凭证，登记总账，进行对账，负责保管会计凭证、账簿、报表及其他重要会计档案。

（3）出纳的职责和权限。出纳负责现金的收付，登记库存现金日记账、银行存款日记账；负责每日核对库存现金，保证货币资金的安全完整；负责银行票据的填制、支票支出、银行存款收付凭证的填制；负责核算报销各部门费用，填制各类结算凭证。

（4）财务成果核算岗位的职责和权限。财务成果核算岗位负责登记主营业务收入、主营业务成本、其他业务收入、其他业务成本、营业外收入、营业外支出、税金及附加，以及其他损益类明细账簿；同时，负责登记实收资本、资本公积、盈余公积、本年利润、利润分配等所有者权益类明细账簿。

（5）成本费用核算岗位的职责和权限。成本费用核算岗位负责计算原材料的实际采购成本；负责工资、奖金、福利费、工会经费、职工教育经费等的核算；负责产品生产成本的计算；负责登记生产成本、制造费用、管理费用、财务费用以及其他成本类明细账簿。

（6）财产物资、债权债务岗位的职责和权限。财产物资岗位负责计算提取固定资产折旧，登记材料采购、原材料、包装物、低值易耗品、固定资产、累计折旧、投资、无形资产类明细账簿，参与财产物资的清查盘点。债权债务岗位负责登记应收账款、应付账款、其他应收款、其他应付款、应付职工薪酬类明细账，负责债权债务的核对。

（7）税务会计岗位的职责和权限。该岗位负责办理税务登记及申请免税、办理出口退税等，进行税收筹划，负责应交税费中的增值税、消费税、营业税、企业所得税、个人所得税及其他税种的计算与申报纳税，负责各种税务报表和相关的分析报告。

第三节 企业内部制度

1. 内部财务、会计制度

目前我国由财政部门依据《中华人民共和国会计法》统一制定会计规范，企业的会计操作需要遵守统一的企业会计准则或会计制度。此外，企业还应结合本企业的业务和管理需要，建立本企业的内部财务和会计制度。

企业内部的财务和会计制度规范了本企业财务、会计工作，如规范了本企业的成本费用、资源管理、资金收付等的审批程序或报销制度；规范了内部凭证的制定、填制和运用方法；规范了会计工作流程、会计人员的职责分工等。健全的财务、会计制度是企业管理的重要工具，是提高企业竞争力的重要保障。

2. 内部控制制度

内部控制制度是企业为了保护财产物资的安全和完整，提高财务会计信息的正确性和可靠性，促进企业贯彻执行国家的法律法规和各项规章制度，实现经济效益最大化等而采取的方法、程序和制度。

凡财物和货币资金的收付、结算及登记入账等财务业务，都应由两个及两个以上的财务会计人员分工合作处理，相互制约。如材料入库与保管、工资计算与发放、记账凭证填制与现金、银行存款收付等均应分工合作，这样既有利于有关会计人员的相互牵制，防止营私舞弊，又能减少工作差错。

为保证财务会计信息的准确可靠，会计记录应做到以下几点。

（1）预先编号。对于任何会计记录均应按照特定规律对其进行连续编号，以保证经济业务被完整记录，避免重复或遗漏记录。

（2）签名盖章。会计凭证、账簿记录和财务报表都需要单位和经手人员进行签名盖章，包括经办人员、证明人、出纳人员、填制人员、记账员、会计主管、总会计师和单位负责人等。履行签章手续，有助于明确单位和人员的责任，保证会计信息的可靠性。

（3）账户控制。对总账和明细账进行平行登记，保证在时间、数量金额和内容上总账与明细分类账的一致性，提高财务会计信息的正确性。

第四章

会计学原理手工模拟实验专业知识准备

会计学原理手工模拟实验要在会计学基本理论和技能学习的基础上进行，会计凭证填制审核、会计账簿的设置与登记、对账与结账、财务报表编制的专业知识，是进行会计实践的基础，是开展会计实务工作的保障。

第一节　建账的程序和方法

在年度开始时，单位会计人员均应根据核算工作的需要设置账簿，即平常所说的“建账”。建账时应明确：企业需要购买哪些账簿？需要设置哪些账户？这些账户应该用什么样格式的账页？如何设置？

一、账簿种类

要想弄清企业需要购买哪些账簿，必须了解一般情况下企业账户的种类。账簿体系如图 4-1 所示。

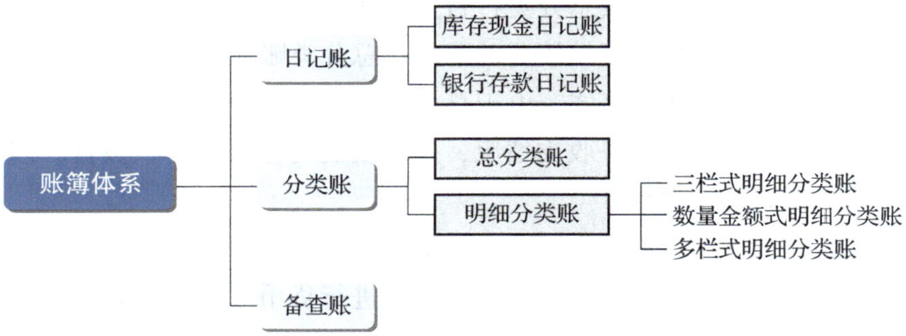

图 4-1　账簿体系

由图4-1可见，企业账簿按照用途，包括日记账、分类账和备查账。

（一）日记账

日记账主要有库存现金日记账和银行存款日记账，根据格式的不同又可以分为三栏式和多栏式两种形式。

1. 库存现金日记账

库存现金日记账是用来核算和监督库存现金每日的收入、支出和结存状况的账簿。它由出纳人员根据库存现金收款凭证、库存现金付款凭证和银行存款付款凭证，按经济业务发生时间的先后顺序，逐日逐笔进行登记。

库存现金日记账的结构一般采用三栏式和多栏式。

2. 银行存款日记账

银行存款日记账是用来核算和监督银行存款每日的收入、支出和结存情况的账簿。它是由出纳人员根据银行存款收款凭证、银行存款付款凭证和库存现金付款凭证按经济业务发生时间的先后顺序，逐日逐笔进行登记的序时账簿。银行存款日记账应按企业在银行开立的账户和币种分别设置，每个银行存款账户设置一本银行存款日记账。

银行存款日记账的结构一般也采用三栏式和多栏式。因在办理银行存款收付业务时均根据银行结算凭证办理，所以为便于和银行对账，银行存款日记账还设有“结算凭证种类和号数”栏，单独列出每项存款收付所依据的结算凭证种类和号数。银行存款日记账的格式同库存现金日记账的格式相似。

库存现金日记账和银行存款日记账都必须使用订本账。

（二）分类账

1. 总分类账

总分类账也称总账，是按总分类科目开设账页、进行分类登记，总括地反映和记录具体经济内容的增减变动情况的账簿。总分类账簿是编制财务报表的重要依据，一般采用三栏式账页格式。由于总分类账能全面地、总括地反映和记录经济业务引起的资金运动和财务收支情况，并为编制财务报表提供数据。因此，任何单位都必须设置总分类账。

总分类账一般采用订本式账簿形式，按照会计科目的编码顺序分别开设账户，并为每个账户预留若干账页。由于总分类账只进行货币度量的核算，因此最常用的格式是三栏式，在账页中设置借方、贷方和余额三个基本金额栏。总分类账中的对应科目栏，可以设置也可以不设置。“借或贷”栏是指账户的余额在借方还是在贷方。

2. 明细分类账

明细分类账也称明细账，是根据明细科目开设账页，分类地登记经济业务具体内容，以提供明细资料的账簿。根据实际需要，各种明细账分别按二级科目或明细科目开设账户，并为每个账户预留若干账页，用来分类、连续记录有关资产、负债、所有者权益、收入、费用、利润等详细资料。设置和运用明细分类账，有利于加强对各会计要素的管理和使用，并为编制财务报表提供必要的资料。因此，各单位在设置总分类账的基础上，还要根据经营管理的需要，对部分总账科目设置相应的明细账，以形成既能提供经济活动总括情况，又能提供详细数据的账簿体系。

明细账的格式，应根据它所反映经济业务的特点，以及财产物资管理的不同要求来设计，一般有三栏式明细分类账、数量金额式明细分类账、多栏式明细分类账三种。

（1）三栏式明细分类账

三栏式明细分类账账页的格式同总分类账的格式基本相同，它只设借方、贷方和金额三个金额栏，不设数量栏。所不同的是，总分类账簿为订本账，而三栏式明细分类账簿多为活页账。这种账页适用于采用金额核算的应收账款、应付账款等账户的明细核算。

（2）数量金额式明细分类账

数量金额式明细分类账账页格式在收入、发出、结存三栏内，再分别设置“数量”“单价”和“金额”等栏目，以分别登记实物的数量和金额。

数量金额式明细分类账适用于既要进行金额明细核算，又要进行数量明细核算的财产物资项目。如“原材料”“库存商品”等账户的明细核算。它能提供各种财产物资收入、发出、结存等的数量和金额资料，便于开展业务和加强管理。

（3）多栏式明细分类账

多栏式明细分类账账页的格式是根据经济业务的特点和经营管理的需要，在一张账页的借方栏或贷方栏设置若干专栏，集中反映有关明细项目的核算资料。它主要适用于只记金额、不记数量，而且在管理上需要了解其构成内容的费用、成本、收入、利润账户，如“生产成本”“制造费用”“管理费用”“主营业务收入”等账户的明细分类账。多栏式明细分类账的格式视管理需要而呈多种多样。如“某车间制造费用明细账”可以在借方栏下分设若干专栏，“主营业务收入明细账”可以在贷方栏下按照收入来源分设若干专栏，“生产成本明细账”按照产品名称规格或订单号设置明细分类账户，可以在借方栏下依据成本构成分设若干专栏。

“本年利润”“利润分配”和“应交税费——应交增值税”等科目所属明细科目则需采用借、贷方均为多栏的明细账账页。

（三）备查账

备查账又称为辅助性账簿，记录不能在总账、明细账、日记账中记录的内容，是对总账、日记账、明细账的补充和辅助说明。如经营租赁方式租入的固定资产，所有权不属于企业，租赁期限短，不能在企业的总账、明细账或日记账中登记，但是在租期内，企业必须保护租赁资产的安全完整，故需要设置经营租赁固定资产登记簿进行记录。应收账款登记簿、贴现应收票据登记簿等均属于辅助性账簿。

二、建账的基本程序

（一）购买账簿

根据各个单位的实际情况，会计人员可以在账表商店选择适合企业实际情况的账簿。一般需要购置：一本总账账簿；一本库存现金日记账账簿；一本银行存款日记账账簿；一本三栏明细账（或称为分类账）账簿；一本数量金额明细账（或称进销存明细账）账簿；一本多栏明细账（七栏或十四栏）账簿。如果企业为增值税一般纳税人，还需要购买一本应交增值税多栏明细账。总账、库存现金日记账、银行存款日记账每年应更换一次，明细分类账则要根据企业实际情况，可以每年更换，也可以跨年连续使用。

（二）账簿的启用

各个账簿每年年初启用新账簿时，在账簿的“启用表”上，写明单位名称、账簿名称、册数、编号、起止页数、启用日期以及记账人员和会计主管人员姓名，并加盖名章和单位公章。记账人员或会计主管人员在本年度调动工作时，应注明交接日期、接办人员和监交人员姓名，并由交接双方签名或盖章，以明确经济责任。

启用订本式账簿，应从第一页起到最后一页止按顺序编定号码，不得跳页、缺号；活页式账簿，应按账户顺序编列本户页次号码。各账户编列号码后，应填“账户目录”，将账户名称页次登入目录内，并粘贴索引纸（账户标签），写明账户名称，以利检索。

按照会计科目表的顺序、名称，在总账账页上建立总账账户；并根据总账账户明细核算的要求，在各个所属明细账户上建立二、三级明细账户。各单位在年度开始建立各级账户的同时，应将上年账户余额结转过来。

（三）建账的方法

每本预印好格式的账本第一页，均印有“账簿启用日期表”与“账簿经管人员一览表”等表格。这些表格中的一些栏目在启用时填写，另一些栏目在经管人员交接或账簿更换之前填写。启用时一般需填写单位名称、账簿名称及编号、启用日期、经管人姓名。订本账（总分类账簿及序时账簿）还需填写总页数及起止页码。下面分别介绍总账及明细分类账的建账方法。

1. 总账

（1）在总分类账簿的第一页账页上方填写本账第一个账户名称（通常是“库存现金”）。接着，预留足够账页，并在账页上方填写本账第二个账户名称（如“银行存款”）。由于总账一般采用订本式，所以第二个账户从哪一页开始开设，取决于会计核算形式及前一个账户发生业务的多少，应预留使预期的业务可以全部记录完毕的一定数量的账页，这样既不会出现预期会计期间内的业务记录不完整，也不会出现太多空页，造成浪费。接下来，再开设第三个账户、第四个账户……。

（2）将写有账户名称的账簿标签纸粘贴在账页上，从账页的第一页上端或下端开始粘贴第一个账户，然后依次等距离向下或向上粘贴写有账户名称的账簿标签纸，并使账户的名称露在账外，以便于检索。

（3）按账户名称顺序登记本年度各账户的期初余额。在该账页第一行“日期”栏中登记建账日期或期初日期，“摘要”栏中写“上年结转”或“月初余额”字样，将账户期初余额抄录至账页第一行“余额”栏中（金额、余额方向均应抄录）。至此，一个账户就开设完毕了。

2. 库存现金、银行存款日记账

分别建立库存现金日记账和银行存款日记账（或出纳日记账）。以库存现金日记账的建立为例：

（1）在日记账第一页账页的上端填写账户名称，在第一行“日期”栏中登记建账日期或期初日期。

（2）在“摘要”栏内填写“上年结转”或“月初余额”字样，将上年期末余额按相同方向填入账户第一行的“余额”栏内，并且标明借贷方向。

3. 三栏式明细分类账

（1）将各明细分类账账户名称写在账页顶端横线及左上方虚线上。

（2）将写有总账账户的账簿标签纸粘贴在属于该总账账户的第一个明细分类账账户的账页上。

（3）注明各明细分类账账户建账的年、月、日。

（4）“摘要”栏要填写“上年结转”等字样。

（5）将上年期末余额按相同方向填入“余额”栏内，并注明借贷方向。

4. 数量金额式明细分类账

（1）将各明细分类账账户名称填写在账页顶端横线及左上方虚线上。

（2）将写有总账账户的账簿标签纸粘贴在属于该总账账户的第一个明细分类账账户的账页上。

（3）填写货物的品名、规格和计量单位。

（4）注明各明细分类账户的建账年、月、日。

（5）“摘要”栏中填写“上年结转”字样。

（6）将上年期末余额按同方向填入标有“数量”“单位”“金额”的余额栏内。

5. 多栏式明细分类账

多栏式明细分类账账页的格式比较复杂，以十四栏账页为例，每一张账页的正反两面格式不同，打开账本后，一张完整的多栏式账页分别由一张多栏式账页的正面与另一张的反面组成。贷方为完工转出产品成本。

（1）将明细分类科目写在账页顶端横线或左上方虚线上。

（2）分设专栏。根据账户所反映的经济业务内容及管理要求，在借方或贷方或借贷双方栏下分设若干专栏。如“管理费用明细账”在借方栏下分设工资和福利费、折旧费、修理费、办公费、招待费等若干专栏；“主营业务收入明细账”在贷方栏下按照收入来源分设若干专栏，如甲产品、乙产品等；“生产成本明细账”按照产品名称规格或订单号设置账户，在借方栏下依据成本构成分设若干专栏，如直接材料、直接人工、制造费用等。

（3）注明建账年、月、日。

（4）“摘要”栏内填写“上年结转”等字样。

（5）将借方或贷方事项的明细科目及金额依次填入相关空格内。

（6）将借方或贷方事项的合计金额填入相应的借方或贷方栏中。

（7）年初余额填入“余额”栏，并注明借贷方向。

6. 粘贴账簿标签纸的方法

账簿标签纸（或称口取纸）并非必须，但它可以帮助会计人员迅速找到某一账户在账簿中的位置。账簿标签纸通常分红、蓝两种颜色，会计人员可根据习惯赋予其一定的意义。如红色表示资产类、成本类账户，蓝色表示负债类及所有者权益类账户；或红色表示收入类账户，蓝色表示费用、损失类账户；或红色表示一级账户，蓝色表示二级账户等。当然，也可以只使用一种颜色的账簿标签纸，甚至不使用。

使用账簿标签纸应注意粘贴方法，首先将会计科目名称写在账簿标签纸上，等墨迹干了之后，将它揭下，粘贴至该账户的第一张账页右侧，每张账簿标签纸所粘贴的位置不同，有的靠上，有的靠下，从上到下，使其形成规则的锯齿形为最佳。这样，既整洁美观，又一目了然，便于查找。账簿标签纸虽有查找的作用，但它不能取代账页上方的账户名称。否则，账簿标签纸一旦掉落，就会给工作带来不便。

第二节 原始凭证的填制

一、原始凭证的基本要素

企业的经济业务是多种多样的，原始凭证也是多种多样的。例如，购货发票、销货发票、原材料入库单（或收料单）、领料单、产品入库单、产品发货单、货运单、固定资产折旧计算表、工资结算单、手续齐全的借款单、车票、住宿发票、完税单、领款单等。但是无论哪种原始凭证，都应该详细记录经济业务的内容，因此合格的原始凭证应该具备其基本的要素。原始凭证的基本要素包括：

（1）原始凭证的名称。

（2）填制的日期。

（3）原始凭证的编号。

（4）接受原始凭证单位名称。

（5）经济业务内容、涉及的数量、计量单位、单价和金额。

（6）填制原始凭证单位盖章。

（7）填制人及具体经办人签名或盖章。

需要注意的是，根据《国家税务总局关于增值税发票综合服务平台等事项的公告》（国家税务总局公告2020年第1号）第二条规定，纳税人通过增值税电子发票公共服务平台开具的增值税电子普通发票，属于税务机关监制的发票，采用电子签名代替填制单位发票专用章，其法律效力、基本用途、基本使用规定等与增值税普通发票相同。

二、原始凭证的种类

1. 原始凭证按照来源不同分为外来原始凭证和自制原始凭证

外来原始凭证是在经济业务发生或完成时取得的，由本企业以外的其他单位或个人填制的原始凭证。如购买货物或劳务时取得的发票（如购买原材料、设备、水、电、餐饮服务、货物运输等）、完税时取得的纳税凭证、出差人员出差时取得的乘车票、借款单、付款通知等。企业总是要与外界有各种各样的往来，所以外来原始凭证在原始凭证中占有很大的比例，其种类繁多，格式不一。外来原始凭证示例如图 4-2 所示。

科　目（借）………　**广东农村信用社取款凭条**　（取）　　总字第 0189 号

对方科目（贷）………　　2022 年 7 月 21 日

存户填写：

户名：联想集团广州分公司　　账（卡）号（略）　　人民币 □　港币□　美元□

类别：　　支取金额

千	百	十	万	千	百	十	元	角	分
		¥	2	0	0	0	0	0	0

储种：

取款人身份证件名称…………（略）　号码　　存户印鉴

代理人身份证件名称　号码

电脑记录：

（银行印鉴略）

取款人确认签名（略）…………………

事后监督：　记账：　出纳：　复核：

图 4-2　外来原始凭证示例

自制原始凭证是指本单位内部各部门和人员，在执行或完成某项经济业务时所填制的原始凭证，如开支票时的“支票存根”，外购原材料验收入库时填写的“收料单”，内部部门领用原材料时填制的“领料单”（见图 4-3）或“出仓单”“限额领料单”，销售商品时填制的“销货发票”，产品完工移交成品仓库时填制的“产品入库单”，以及“制造费用分配表”“固定资产折旧计算表”（见图 4-4）、“产品成本计算单”“销售成本计算表”“工资结算单”、手续齐全的“职工借款单”等。

领　料　单　　　　No 23464

领料单位：某车间　　　　2022 年 8 月 2 日

材料编号	名称及规格	单位	数量		单价	金额										
			应收	实收		万	千	百	十	万	千	百	十	元	角	分
螺丝钉	80×40	只	350	350	1.50						¥	5	2	5	0	0
备注：																

图 4-3　领料单示例

固定资产折旧计算表

2022 年 12 月 31 日　　　　单位：元

固定资产项目	原值	年折旧率	年折旧额	月折旧额	备注
生产用：厂房机器设备	1 000 000.00	5.4%		4 500.00	
非生产用：办公用房设备	229 876.35	4.0%		766.25	
研发用：设备	500 000.00	5.4%		2 250.00	
合计	1 729 876.35			7 516.25	

图 4-4　固定资产折旧计算表示例

2. 原始凭证按照填制方法的不同分为一次原始凭证、累计原始凭证和汇总原始凭证

一次原始凭证是指一次填制完成的原始凭证。一般在一张原始凭证上记录一项经济业务或若干项同类经济业务。一次原始凭证使用灵活方便，日常的原始凭证多属于此类，特别是外来原始凭证一般均属于一次原始凭证。“收料单”“发货票”“领料单”、车票、住宿票等都是一次原始凭证。

累计原始凭证是指在一定时期内（如一个月）在一张凭证上连续、累计记载不断重复发生的若干项同类经济业务。如“限额领料单”，随着领料经济业务的发生，在一张凭证重复填写领用数量，累计领用数量不断增加，与此同时余额逐渐减少，期末计算总数后作为记账依据。累计原始凭证随时计算累计数，以便与计划或定额比较，评价计划执行情况，进行计划控制。

汇总原始凭证又称原始凭证汇总表，是指定期根据许多同种类型经济业务的一次原始凭证、累计原始凭证或会计核算资料加总填制的原始凭证。如定期根据若干张领料单按照领用部门及用途，加以汇总填制的“发料凭证汇总表”（见图 4-5）。

发料凭证汇总表

2022 年 6 月 10 日　　　　单位：元

会计科目	领料部门	原材料 A	原材料 B	原材料 C
基本生产车间	一车间甲产品	4 500.00	1 000.00	
	二车间乙产品	6 000.00	3 000.00	
	小计	10 500.00	4 000.00	
辅助生产车间	供水车间			500.00
	运输			1 000.00
	小计			1 500.00
研发部门	RD	10 000.00		
制造费用	一车间			600.00
	二车间			300.00
	小计			900.00
合计		20 500.00	4 000.00	2 400.00

附件 10 张

复核：李福祥　　　　制表：王鹏

图 4-5　发料凭证汇总表示例

三、原始凭证的填制

会计法规定，企业发生的款项和有价证券的收付；财物的收发、增减和使用；债权债务的发生和结算；资本、基金的增减；收入、支出、费用、成本的计算；财务成果的计算和处理；需要办理会计手续、进行会计核算的其他事项等经济业务事项，必须填制或者取得原始凭证并及时送交会计机构。

（一） 基本要求

为了保证原始凭证的法律效力，填写时必须严格按照要求进行，原始凭证填制的基本要求主要有以下六点。

（1）真实可靠。原始凭证应如实记录经济业务内容，不弄虚作假，不涂改、挖补，发现原始凭证有错误的，应当将错误的原始凭证退回出具单位，并由出具单位重开。

（2）内容完整。原始凭证中的内容，如凭证的名称；填制凭证的日期；填制凭证单位名称或者填制人姓名；经办人员的签名或者盖章；接受凭证单位名称；经济业务内容；数量、单价和金额等，应填写完整，不可缺漏。从外单位取得的原始凭证，必须盖有填制单位的公章，出票人通过增值税电子发票公共服务平台开具的增值税电子普通发票除外；从个人取得的原始凭证，必须有填制人的签名或印鉴。对外开出的原始凭证，必须加盖本单位的公章。

（3）填写及时。每项经济业务发生后，应立即填制原始凭证，尽量不补制。原始凭证应当书写（或打印）清楚，字迹端正，易于辨认，文字工整，不串格不串行，不模糊。

（4）数字正确无误。首先，原始凭证数字书写要规范，如阿拉伯数字书写时不能连笔、金额大写汉字规范、阿拉伯数字前应书写人民币符号“￥”。其次，数字计算正确，大小写金额应相符，金额栏空白处应划覆盖线“/”。

（5）责任明确。经办业务的单位和个人应认真填写和审查原始凭证，确认无误后在原始凭证上签名盖章，明确经济责任。

（6）顺序使用。原始凭证都必须顺序编号，按顺序使用，原始凭证填制中因出错作废时，在作废的凭证上加盖“作废”戳记，连同存根一起保存，不得随意撕毁。

（二）原始凭证的填制

填写原始凭证应该注意以下几个方面。

（1）从外单位取得的原始凭证，必须盖有填制单位的公章；从个人处取得的原始凭证，必须有填制人员的签名或者盖章，必要时还需有打手指摸。自制原始凭证必须有经办单位领导人或者其指定的人员签名或者盖章。

原始凭证不得涂改、挖补。发现原始凭证有错误的，应当由开出单位重开或者更正，更正处应当加盖开出单位的公章。

（2）凡填有大写和小写金额的原始凭证，大写与小写金额必须相符。购买实物的原始凭证，必须有验收证明。支付款项的原始凭证，必须有收款单位和收款人的收款证明。

（3）一式几联的原始凭证，应当注明各联的用途，只能以一联作为报销凭证。

一式几联的发票和收据，必须用双面复写纸（发票和收据本身具备复写纸功能的除外）套写，并连续编号。作废时应当加盖“作废”戳记，连同存根一起保存，不得随意撕毁。

（4）发生销货退回的，除填制退货发票外，还必须有退货验收证明；退款时，必须取得对方的收款收据或者汇款银行的凭证，不得以退货发票代替收据。

经上级有关部门批准的经济业务，应当将批准文件作为原始凭证附件；如果批准文件需要单独归档的，应当在凭证上注明批准机关名称、日期和文件字号。

（5）阿拉伯数字的书写，每个阿拉伯数字要靠近凭证或账表行格底线，字体高度占行高的1/2以下，不得写满格。“6”要比一般数字向右上方长出1/4，“7”“9”要向左下方（过底线）长出1/4；阿拉伯数字字体要向左下方倾斜，倾斜度一般为45°。

（6）数字的汉字大写一律用“零、壹、贰、叁、肆、伍、陆、柒、捌、玖、拾、佰、仟、万、亿、元、角、分、整”。不得用0、一、二、三、四、五、六、七、八、九、十等简化字代替，不得任意自造简化字。大写金额数字到元或者角为止的，在“元”或者“角”字之后应当写“整”字或者“正”字；大写金额数字有分的，分字后面不写“整”或者“正”字。

（7）阿拉伯数字金额前面应当书写货币符号。如人民币符号“¥”，货币符号与阿拉伯数字之间不能留空白。

（8）以元为单位的阿拉伯数字，除表示单价等情况外，一律写到角和分，没有角和分的，角位和分位要写“00”。

（9）在印有大写金额万、仟、佰、拾、元、角、分位置的原始凭证上，书写汉字大写金额时，金额前面有空位的，可以画“⊗”表示注销。如“¥397.80”，汉字大写金额为“⊗万⊗仟叁佰玖拾柒元捌角零分”。

深圳增值税电子专用发票

开票日期：2022年12月3日　　发票代码：044001500111

发票号码：01332922

机器校验码：661608805382　　校 验 码：64766 58540 07961 93821

购货单位	名　称	广东穗升有限公司		密码区	4168642 + * - +548 + - <667/7		
	纳税人识别号	0215196410306			2 >978 -45430 >428 * *5 > > <		
	地址、电话	广州市天河区天河北路5113号 02051135113			0 * / +4 <01 <2 - >713611332		
	开户银行及账号	中国工商银行天河支行0221585778			-9424 +7 > >2 + * <08 -7 > >4/		
货物或应税劳务名称	规格型号	计量单位	数量	单价	金额	税率	税额
ABS 料	GDZJ20C	套	50	6.80	340.00	13%	44.20
合计					¥340.00		¥44.20
价税合计（大写）	⊗万⊗仟叁佰捌拾肆元贰角零分						（小写）¥384.20
销货单位	名　称	华丰电器厂		备注	华丰电器厂 440306731128999 发票专用章		
	纳税人识别号	440306731128999					
	地址、电话	深圳宝安沙井镇兴业园路13号 0755-33652865					
	开户银行及账号	中国工商银行宝安支行062001006					

第三联 发票联 购货方记账凭证

收款人：马丽琴　　复核：薛春　　开票人：薛玲　　销货单位（章）：

图4-6　增值税电子专用发票示例

（10）支票的填写。日期应以汉字大写填写，月份或日期少于 10 的应以“零”几月或日填写，如“2 月 3 日”，应写为“零贰月零叁日”，月份或日期大于 10 的，应以几十几填写，如“11 月 23 日”应写为“壹拾壹月贰拾叁日”。

支票收款人应填写收款人的全称及开户行账号，金额大小写应一致，小写金额前写人民币符号。

按照实际款项的用途填写“用途”；支票正面应加盖公司财务专用章及名章（现金支票还应在背面加盖公司财务专用章）。

增值税电子专用发票和增值税电子普通发票示例如图 4-6、图 4-7 所示。

宁夏增值税电子普通发票

机器编码 497006744509044000175140

全国统一发票监制章 国家税务总局 宁夏回族自治区税务局

发票代码：064001600111
发票号码：89546819
开票日期：2022 年 12 月 10 日
校验码：10783 65953 72503 05029

购货单位	名称	广东穗升有限公司			密码区	00 <9 +8/ * 59 * </356 +6870/ * 78 >0// - +5 * 02 + -145610 <1 * -/ 4573 < + -2 <3500427 >66 -87 * - 237 > * / -		
	纳税人识别号	0215196410306						
	地址、电话							
	开户银行及账号							
货物或应税劳务名称	规格型号	计量单位	数量	单价	金额	税率	税额	
住宿服务 * 住宿		天	2	410.00	820.00	免税	***	
合计					¥820.00		***	
价税合计（大写）	⊗捌佰贰拾元整					（小写）	¥820.00	
销货单位	名称	宁夏新南酒店管理有限公司 91640100MA76CT1F99			备注	12 月 9 日—12 月 10 日		
	纳税人识别号	银川市金凤区悦海新天地购物广场 17 号						
	地址、电话	酒店 1001 室 09515105888						
	开户银行及账号	中国银行吴中分行利通南街支行 106060189301						

收款人：华章　　复核：刘宏伟　　开票人：马爽

图 4-7　增值税电子普通发票示例

第三节　记账凭证的填制

记账凭证是根据审核合格的原始凭证或原始凭证汇总表填制的，记载经济业务内容所涉及的借记、贷记会计科目以及金额，作为登记会计账簿依据的书面文件。实际业务中简称“传票”。

一、记账凭证的基本要素

各企业可以根据自身经济业务量的多少和业务特点使用记账凭证。记账凭证应该包括以下基本要素。

（1）记账凭证的名称。

（2）记账凭证的填制日期。

（3）记账凭证编号。

（4）经济业务的简单说明，即摘要。

（5）应借记、贷记的账户名称和金额，即会计分录。

（6）所附原始凭证的张数。

（7）填制凭证人员、记账人员、会计机构负责人、会计主管人员签名或盖章。收款凭证、付款凭证还应该有出纳人员签名或盖章。

二、记账凭证的种类

企业可以根据自身经济业务的特征和经济业务量的大小运用不同种类的记账凭证。

记账凭证根据所记录经济业务内容不同分为通用记账凭证和专用记账凭证。

（1）通用记账凭证。通用记账凭证是指适用于所有类别经济业务的记账凭证，即不论企业发生什么样的经济业务，均编制该种记账凭证，一般用在库存现金或银行存款收付业务不多的企业。通用记账凭证示例如图4-8所示。

记　账　凭　证

年　月　日　　　　　　　　　　　　记字　号

摘要	会计科目		借方金额									贷方金额									记账
	一级科目	明细科目	百	十	万	千	百	十	元	角	分	百	十	万	千	百	十	元	角	分	✓
附件　张	合计																				

会计主管：　　　记账：　　　复核：　　　制单：

图4-8　通用记账凭证示例

（2）专用记账凭证。专用记账凭证是指专门用于登记某一类经济业务的凭证。可进一步分为收款凭证、付款凭证和转账凭证：收款凭证为记录库存现金或银行存款增加经济业务的记账凭证，具体地讲，记录库存现金增加经济业务的记账凭证称为“现金收款凭证”，简称“现收”（见图4-9），记录银行存款增加经济业务的记账凭证称为“银行存款收款凭证”，简称“银收”（见图4-10）；付款凭证是记录库存现金或银行存款减少经济业务的记账凭证，具体地讲，记录库存现金减少经济业务的记账凭证称为“现金付款凭证”，简称“现付”（见图4-11），记录银行存款减少经济业务的记账凭证称为“银行存款付款凭证”，简称“银付”（见图4-12）；转账凭证则是记录不引起库存现金或银行存款变动经济业务的记账凭证（见图4-13）。

收　款　凭　证

年　月　日

借方科目：库存现金　　　　　　　　　　　　现收字　号

摘要	贷方科目		金额									记账✓
	一级科目	明细科目	百	十	万	千	百	十	元	角	分	
附件　张	合计											

会计主管：　　　记账：　　　复核：　　　出纳：　　　制单：

图4-9　现金收款凭证示例

收　款　凭　证

年　月　日

借方科目：银行存款　　　　　　　　　　　　银收字　号

摘要	贷方科目		金额									记账✓
	一级科目	明细科目	百	十	万	千	百	十	元	角	分	
附件　张	合计											

会计主管：　　　记账：　　　复核：　　　出纳：　　　制单：

图4-10　银行存款收款凭证示例

付 款 凭 证

年 月 日

贷方科目：库存现金 现付字 号

摘要	借方科目		金额									记账✓
	一级科目	明细科目	百	十	万	千	百	十	元	角	分	
附件 张	合计											

会计主管： 记账： 复核： 出纳： 制单：

图 4-11 现金付款凭证示例

付 款 凭 证

年 月 日

贷方科目：银行存款 银付字 号

摘要	借方科目		金额									记账✓
	一级科目	明细科目	百	十	万	千	百	十	元	角	分	
附件 张	合计											

会计主管： 记账： 复核： 出纳： 制单：

图 4-12 银行存款付款凭证示例

转 账 凭 证

年 月 日 转字 号

摘要	会计科目		借方金额									贷方金额									记账✓
	一级科目	明细科目	百	十	万	千	百	十	元	角	分	百	十	万	千	百	十	元	角	分	
附件 张	合计																				

会计主管： 记账： 复核： 制单：

图 4-13 转账凭证示例

三、记账凭证的填制

（一）记账凭证的填制要求

会计人员应该在原始凭证整理、分类的基础上，依据复式记账原理分析经济业务所涉及的会计科目、变动方向及其金额填制记账凭证，填制记账凭证是会计日常工作的重要组成部分，是会计信息处理的重要环节。会计人员必须认真做好记账凭证填制工作。

填制记账凭证应遵循以下要求。

（1）以审核无误的原始凭证为依据。

（2）记账凭证的内容必须完整。记账凭证的内容必须具备：填制凭证的日期；凭证编号；经济业务摘要；会计科目；金额；所附原始凭证张数；填制凭证人员、稽核人员、记账人员、会计机构负责人、会计主管人员签名或者盖章。收款和付款记账凭证还应当由出纳人员签名或者盖章。

（3）经济业务所涉及的会计科目、变动方向及其金额即会计分录要正确。会计科目正确，要求按照会计制度或会计准则规定的会计科目名称及其核算内容运用会计科目；记账方向正确，要求应借、应贷对应关系明晰，反映经济业务的来龙去脉。所以，一张记账凭证只记录一项经济业务或汇总记录同一类经济业务，不能把不同类经济业务记录在一张记账凭证上面。金额计算正确，要求按照借贷记账法的记账规则，保证记账凭证的借方科目金额等于贷方科目金额，且总账科目金额与所属明细分类科目金额之和相等。

（4）附件张数要注明。注明附件张数有利于确保附件的完整和便于日后查对。记账凭证的附件即是原始凭证。

除结账和更正错误的记账凭证可以不附原始凭证外，其他记账凭证必须附有原始凭证。

记账凭证填制所依据的原始凭证，应该查对，附在记账凭证的后面，并在记账凭证上注明所附原始凭证的张数。有些经济业务的原始凭证数量非常多，可以单独保存，不必附在记账凭证后面，但需在摘要中说明。有时同一张原始凭证需要填制两张或两张以上记账凭证，原始凭证应附在主要的记账凭证后面，在未附原始凭证的记账凭证摘要中注明附有原始凭证的记账凭证编号，也可以附原始凭证复印件。

（5）记账凭证编号应连续。连续编号的目的是分清会计事项处理的先后顺序，便于记账凭证与会计账簿核对，确保记账凭证完整无缺。如果企业按照经济业务内容分类填制记账凭证，分收款凭证、付款凭证、转账凭证，则记账凭证应分类顺序编号，即按照“现收”字、“银收”字、“现付”字、“银付”字、“转”字分别顺序编号，如“现收字第01号”“银收字第01号”“现付字第01号”“银付字第01号”“转字第01号”等。如果一笔经济业务需要填制两张或两张以上记账凭证时，可采用分数编号法。

（6）填制记账凭证时发生错误，应该重新填写。但是如果当年内发现记账凭证填写出错，且已经据以登记入账，应该按照正确的更正方法，既更正记账凭证记录，又更正会计账簿记录。可以采用红字更正法进行更正，即用红字填写一张与原内容相同的记账凭证，在摘要栏注明“注销某月某日某号凭证”字样，同时再用蓝字重新填制一张正确的记账凭证，注明“订正某月某日某号凭证”字样。如果会计科目没有错误，只是金额错误，也可以将正确数字与错误数字之间的差额，另编一张调整的记账凭证，调增金额用蓝字，调减金额用红字。如果在填制记账凭证时发生错误，但没有登记入账（即登记账簿前发现记账凭证错误），应当重新填制。

（7）填制完经济业务事项后，如果记账凭证中还有空行，应当自金额栏最后一笔金额数字下的空行处至合计数上的空行处画线注销。

（二）记账凭证填制

1. 通用记账凭证的填制

在经济业务数量不多的企业，可以使用通用记账凭证，以便减少因为记账凭证种类多带来的不便。通用记账凭证就是不论什么样的经济业务，采用统一格式的记账凭证记录所涉及的会计科目、借贷方向和金额，在一张凭证上反映一笔经济业务的来龙去脉。

根据审核合格的原始凭证编制记账凭证，依次填制日期、凭证编号、摘要、借方总分类会计科目、明细分类会计科目和金额、贷方总分类会计科目、明细分类会计科目和金额、借方合计金额、贷方合计金额、附件张数、制单签名。

（1）记账凭证日期的填写：一般为填写记账凭证当天的日期。

（2）凭证编号的填写：在填写记账凭证时填写。在“字”前填写“总”或“记”，采用统一的顺序编号方法连续编号，如“记字第01号”“记字第02号”等。

如果一笔经济业务需要填制两张或两张以上记账凭证时，可采用分数编号法。

例如，第 10 号业务事项需要填制三张记账凭证，则该三张记账凭证的编号分别是“记字第 10 $\frac{1}{3}$号”“记字第 10 $\frac{2}{3}$号”“记字第 10 $\frac{3}{3}$号”。

（3）摘要的填写：应与原始凭证上的业务内容相符，简要表述经济业务的主要内容。

（4）科目和金额的填写：应先写借方科目与金额，再写贷方科目及金额。

借方总分类会计科目、明细分类会计科目应根据原始凭证所反映经济业务的内容，选择最恰当的总分类会计科目和明细分类会计科目，如果经济业务涉及总分类会计科目所属的两个或两个以上明细分类会计科目，应分行书写清楚科目及金额，金额应与原始凭证上的金额一致。

每个阿拉伯数字要靠近凭证或账表行格底线，字体高度占行高的 1/2 以下，不得写满格。“6”要比一般数字向右上方长出 1/4，“7”“9”要向左下方（过底线）长出 1/4；阿拉伯数字字体要向左下方倾斜，倾斜度一般为 45°。一律写到角和分，没有角和分的，角位和分位要写“0”，不能为空。

贷方总分类会计科目、明细分类会计科目和金额应根据原始凭证所反映经济业务的内容，选择最恰当的贷方总分类会计科目和明细分类会计科目，如果经济业务涉及贷方总分类会计科目所属两个或两个以上明细分类会计科目，应分行书写清楚明细分类科目及金额，金额应与原始凭证上的金额一致。

（5）借方金额合计、贷方金额合计的填写：分别加计记账凭证借方金额合计和贷方金额合计，并保证借方金额合计等于贷方金额合计，合计数前应填写人民币符号“￥”。货币符号与阿拉伯数字之间不能留空白。

（6）附件张数的填写：附件张数是指记账凭证所附原始凭证的自然张数。如果一张或几张原始凭证涉及几张记账凭证时，应将原始凭证附在一张主要的记账凭证后面，并在其他记账凭证“附件张数”处写明“原始凭证附在××号记账凭证后面”的字样。

例 4-1 某企业2022 年 7 月 20 日向美华公司购买 A、B 两种原材料，增值税专用发票上注明 A 种原材料买价 10 000 元，B 种原材料买价 20 000 元，两种原材料增值税共计 3 900 元，货款未支付（原始凭证略）。

根据审核合格的原始凭证编制记账凭证，依次填制日期、凭证编号、摘要、借方总分类会计科目、明细分类会计科目和金额、贷方总分类会计科目、明细分类会计科目和金额、借方合计金额、贷方合计金额、附件张数、制单签名，具体如图 4-14 所示。

记 账 凭 证

2022 年 7 月 20 日　　　　　　　　　记字 024 号

摘要	一级科目	明细科目	借方金额									贷方金额									记账
			百	十	万	千	百	十	元	角	分	百	十	万	千	百	十	元	角	分	
购买 A 材料未付款	原材料	A 材料			1	0	0	0	0	0	0										
		B 材料			2	0	0	0	0	0	0										
	应交税费	应交增值税（进项）				3	9	0	0	0	0										
	应付账款	美华公司												3	3	9	0	0	0	0	
附件 1 张	合计			¥	3	3	9	0	0	0	0		¥	3	3	9	0	0	0	0	

会计主管：　　　　记账：　　　　复核：　　　　制单：朱福翌

图 4-14　编制记账凭证

2. 专用记账凭证的填制

在经济业务数量比较多的企业，可以按照经济业务内容分别填制收款凭证、付款凭证和转账凭证。

（1）收款凭证是专门记录涉及库存现金、银行存款收入经济业务的记账凭证。收款凭证属于复式记账凭证，在一张凭证上反映一笔或几笔同类经济业务的来龙去脉。

1）现金收款凭证填制。反映库存现金增加业务的会计分录应填写现金收款凭证。

现金收款凭证应根据审核合格的原始凭证编制，依次为借方科目、填制日期、凭证编号、摘要、贷方总分类会计科目、明细分类会计科目和金额、金额合计、附件张数、制单签名。

在收款凭证的左上方“借方科目”字样后，填写“库存现金”字样，该收款凭证即成为现金收款凭证。

凭证日期的填写：一般为填写记账凭证当天的日期，也可以按照原始凭证填写收到现金款项当天的日期。

凭证编号的填写：在凭证右上方“字”前填写“现收”，采用统一的顺序编号方法连续编号，如“现收字第 01 号”“现收字第 02 号”等。如果一笔经济业务需要填制两张或两张以上记账凭证时，可采用分数编号法。例如，第 21 号业务事项需要填制四张凭证，则该四张凭证的编号分别是“现收字第 21 $\frac{1}{4}$号”“现收字第21 $\frac{2}{4}$ 号”“现收字第 21 $\frac{3}{4}$号”“现收字第 21 $\frac{4}{4}$号”，其中分母表明该经济业务共编制了四张收款凭证，分子表明该张收款凭证在该笔经济业务记账凭证总张数中所在位置。

摘要的填写：应与原始凭证上的经济业务内容相符，简要表述经济业务的主要内容。

贷方总分类会计科目、明细分类会计科目和金额的填写：应根据原始凭证所反映经济业务的内容，选择最恰当的贷方总分类会计科目和明细分类会计科目，如果经济业务涉及的贷方总分类会计科目有两个或两个以上，应分行书写会计科目及金额，金额应与原始凭证上的金额一致。

如果一项经济业务涉及的借方总分类会计科目，除了库存现金外还有其他的会计科目，则应分清楚该业务中与“库存现金”对应的会计科目，并在收款凭证上予以反映，其余部分应在转账或银行存款收款凭证上编制。如销售材料价款 2 340元，收到支票一张 2 300 元，已存进银行账户，现金 40 元收讫，应编写一张现金收款凭证，同时编写一张银行存款收款凭证。

金额合计的填写：加计各个贷方会计科目金额合计，借方科目“库存现金”的发生额等于该收款凭证上的金额合计，合计数前应填写人民币符号“￥”。货币符号与阿拉伯数字之间不能留空白。

附件张数的填写：依据记账凭证所附原始凭证的自然张数填写。如果一张或几张原始凭证涉及几张记账凭证时，应将原始凭证附在一张主要的记账凭证后面，并在其他记账凭证“附件张数”处写明“原始凭证附在 × ×号记账凭证后面”的字样。

2）银行存款收款凭证填制。反映银行存款增加业务的会计分录应填写银行存款收款凭证。

银行存款收款凭证应根据审核合格的原始凭证编制，依次为借方科目、填制日期、凭证编号、摘要、贷方总分类会计科目、明细分类会计科目和金额、金额合计、附件张数、制单签名。

在收款凭证的左上方“借方科目”后，填写“银行存款”字样，该收款凭证即成为银行存款收款凭证。

凭证日期的填写：一般为填写记账凭证当天的日期，也可以按照“进账单”

等原始凭证上的日期填写。

凭证的编号填写：在凭证右上方“字”前填写“银收”字样，并采用统一的顺序编号方法连续编号，如“银收字第01号”“银收字第02号”等。如果一笔经济业务需要填制两张或两张以上记账凭证时，可采用分数编号法。例如，第9号业务事项需要填制三张凭证，则该三张凭证的编号分别是“银收字第$9\frac{1}{3}$号”“银收字第$9\frac{2}{3}$号”“银收字第$9\frac{3}{3}$号”，其中分母表明该经济业务共编制了三张银行存款收款凭证，分子表明该张收款凭证在该笔经济业务记账凭证总张数中所在位置。

摘要的填写：应与原始凭证上的经济业务内容相符，简要表述经济业务的主要内容。

贷方总分类会计科目、明细分类会计科目和金额的填写：应根据原始凭证所反映经济业务的内容，选择最恰当的贷方总分类会计科目和明细分类会计科目，如果经济业务涉及的贷方总分类会计科目有两个或两个以上，应分行书写会计科目及金额，金额应与原始凭证上的金额一致。

如果一项经济业务涉及的借方总分类会计科目，除了银行存款外还有其他的会计科目，则应分清楚该业务中与“银行存款”对应的会计科目，并在该收款凭证上予以反映，其余部分应在转账凭证或现金收款凭证上编制。

金额合计的填写：加计各个贷方会计科目金额合计，合计数前应填写人民币符号“￥”。货币符号与阿拉伯数字之间不能留空白。

附件张数的填写：填写记账凭证所附原始凭证的自然张数。如果一张或几张原始凭证涉及几张记账凭证时，应将原始凭证附在一张主要的记账凭证后面，并在其他记账凭证“附件张数”处写明“原始凭证附在××号记账凭证后面”的字样。

（2）付款凭证是专门记录涉及库存现金、银行存款支出或减少经济业务的记账凭证。付款凭证是复式记账凭证，在一张凭证上反映一笔或几笔同类经济业务的来龙去脉。

1）现金付款凭证填制。反映库存现金减少业务的会计分录应填写现金付款凭证。

现金付款凭证根据审核合格的原始凭证编制，依次为贷方科目、填制日期、凭证编号、摘要、借方总分类会计科目、明细分类会计科目和金额、金额合计、附件张数、制单签名。

在付款凭证的左上方“贷方科目”后，填写“库存现金”字样，该付款凭证即成为现金付款凭证。

凭证日期的填写：一般为填写记账凭证当天的日期，也可以按照原始凭证填写库存现金支付当天的日期。

凭证编号填写：在凭证右上方“字”前填写“现付”字样，采用统一的顺序编号方法连续编号，如“现付字第 01 号”“现付字第 02 号”等。如果一笔经济业务需要填制两张或两张以上现金付款凭证时，可采用分数编号法。

摘要的填写：应与原始凭证上的经济业务内容相符，简要表述经济业务的主要内容。

借方总分类会计科目、明细分类会计科目和金额的填写：应根据原始凭证所反映经济业务的内容，选择最恰当的借方总分类会计科目和明细分类会计科目，如果经济业务涉及的借方总分类会计科目有两个或两个以上，应分行书写会计科目及金额，金额应与原始凭证上的金额一致。

如果一项经济业务涉及的贷方总分类会计科目，除了库存现金外还有其他的会计科目，则应分清楚该业务中与“库存现金”对应的会计科目，并在该付款凭证上予以反映，其余部分应在其他记账凭证上编制。如购买材料价款 1 300 元的发票，现金 300 元付讫，其余未付。应同时编写一张现金付款凭证和一张转账凭证。

金额合计的填写：加计各个借方会计科目金额合计，合计数前应填写人民币符号“￥”。货币符号与阿拉伯数字之间不能留空白。

附件张数的填写：填写记账凭证所附原始凭证的自然张数。如果一张或几张原始凭证涉及几张记账凭证时，应将原始凭证附在一张主要的记账凭证后面，并在其他记账凭证“附件张数”处写明“原始凭证附在 × × 号记账凭证后面”的字样。

2）银行存款付款凭证填制。反映银行存款减少业务的会计分录应填写银行存款付款凭证。

银行存款付款凭证根据审核合格的原始凭证编制，依次为贷方科目、凭证日期、凭证编号、摘要、借方总分类会计科目、明细分类会计科目和金额、金额合计、附件张数、制单签名。

在付款凭证的左上方“贷方科目”后，填写“银行存款”字样，该付款凭证即成为银行存款付款凭证。

凭证日期的填写：一般为填写记账凭证当天的日期，也可以按照原始凭证填写银行存款支付当天的日期。

凭证编号的填写：在凭证右上方“字”前填写“银付”，采用统一的顺序编号方法连续编号，如“银付字第01号”“银付字第02号”等。如果一笔经济业务需要填制两张或两张以上银行存款付款凭证时，可采用分数编号法。

摘要的填写：应与原始凭证上的经济业务内容相符，简要表述经济业务的主要内容。

借方总分类会计科目、明细分类会计科目和金额的填写：应根据原始凭证所反映经济业务的内容，选择最恰当的借方总分类会计科目和明细分类会计科目，如果经济业务涉及的借方总分类会计科目有两个或两个以上，应分行书写会计科目及金额，金额应与原始凭证上的金额一致。

金额合计的填写：加计各个借方会计科目金额合计，合计数前应填写人民币符号“¥”。货币符号与阿拉伯数字之间不能留空白。

附件张数的填写：应根据记账凭证所附原始凭证的自然张数填写。如果一张或几张原始凭证涉及几张记账凭证时，应将原始凭证附在一张主要的记账凭证后面，并在该付款凭证“附件张数”处写明“原始凭证附在××号记账凭证后面”的字样。

库存现金及银行存款两者之间增减变动的经济业务，为了防止重复编制记账凭证，只填制付款凭证，不填制收款凭证。如将现金存入银行只编制现金付款凭证；从银行提取现金只编制银行存款付款凭证。

(3) 转账凭证是收款凭证和付款凭证以外的专用记账凭证。

转账凭证的填制。转账凭证用以记录不涉及库存现金以及银行存款收、付的经济业务。如领用库存原材料、结转制造费用、产品完工验收入库、结转损益等事项不涉及库存现金、银行存款科目，因此当企业运用专用记账凭证时，应以转账凭证记录这些事项所引起的变动。转账凭证属于复式记账凭证，它在一张凭证上反映一笔经济业务的来龙去脉。

转账凭证应根据审核合格的原始凭证编制，依次为填制日期、凭证编号、摘要、借方总分类会计科目、明细分类会计科目和金额、贷方总分类会计科目、明细分类会计科目和金额、借方合计金额、贷方合计金额、附件张数、制单签名。

凭证日期的填写：一般填写编制记账凭证当天的日期。

凭证编号的填写：在凭证右上方“字”前填写“转”字样，采用统一的顺序编号方法连续编号，如“转字第 01 号”“转字第 02 号”等。如果一笔经济业务需要填制两张或两张以上转账凭证时，可采用分数编号法。例如，第 18 号业务事项需要填制两张转账凭证，则该两张凭证的编号分别是“转字第 $18\frac{1}{2}$号”“转字第 $18\frac{2}{2}$号”。

摘要的填写：应与原始凭证上的经济业务内容相符，简要表述经济业务的主要内容。

科目及金额的填写：转账凭证应先填写借方科目与金额，贷方科目及金额应在下方。

借方总分类会计科目、明细分类会计科目和金额的填写：应根据原始凭证所反映经济业务的内容，选择最恰当的总分类会计科目和明细分类会计科目，如果经济业务涉及两个或两个以上借方总分类会计科目或明细分类会计科目，应分行书写清楚会计科目及金额。金额应与原始凭证上的金额一致。

贷方总分类会计科目、明细分类会计科目和金额的填写：应根据原始凭证所反映经济业务的内容，选择最恰当的贷方总分类会计科目和明细分类会计科目，如果经济业务涉及两个或两个以上贷方总分类会计科目或明细分类会计科目，应分行书写清楚会计科目及金额。金额应与原始凭证上的金额一致。

金额合计的填写：分别加计该转账凭证上借方各个会计科目金额和贷方各个会计科目金额，并保证借方金额合计等于贷方金额合计，合计数前应填写人民币符号“￥”。货币符号与阿拉伯数字之间不能留空白。

附件张数的填写：填写记账凭证所附原始凭证的自然张数。如果一张或几张原始凭证涉及几张记账凭证时，应将原始凭证附在一张主要的记账凭证后面，并在该转账凭证“附件张数”处写明“原始凭证附在××号记账凭证后面”的字样。

制单签名的填写：编制凭证的会计人员应在凭证下方的“制单”后签名或盖章，表示对该凭证负责。

例 4-2 某企业 2022 年 7 月 28 日销售甲产品，增值税专用发票上注明售价 50 000元，增值税 6 500 元，货款已经收存银行存款账户（原始凭证略）。

根据审核合格的销售发票、银行存款收款通知等原始凭证以及合同，填制银行存款收款凭证，如图 4-15 所示。

收 款 凭 证

2022 年 7 月 28 日

借方科目：银行存款　　　　　　　　　　　　　　　　银收字 04 号

摘要	贷方科目		金额									记账✓
	一级科目	明细科目	百	十	万	千	百	十	元	角	分	
销售产品收货款	主营业务收入	甲产品			5	0	0	0	0	0	0	
	应交税费	应交增值税（销项税额）				6	5	0	0	0	0	
附件 2 张	合计			¥	5	6	5	0	0	0	0	

会计主管：　　　记账：　　　复核：　　　出纳：　　　制单：李强

图 4-15　编制银行存款收款凭证

例 4-3　某企业 2022 年 8 月 20 日销售材料，增值税专用发票上注明售价 200 元，增值税 26 元，现金收讫。另收到职工李三归还借款 300.90 元，现金收讫（原始凭证略）。

根据审核合格的销售票据、现金收据等原始凭证，填制现金收款凭证的日期、编号“现收字 011 号”、借方科目“库存现金”、摘要、贷方科目和金额、贷方合计金额、附件张数、制单签名，贷方合计金额 526.90 元就是库存现金科目借方金额。具体如图 4-16 所示。

收 款 凭 证

2022 年 8 月 20 日

借方科目：库存现金　　　　　　　　　　　　　　　　现收字 011 号

摘要	贷方科目		金额									记账✓
	一级科目	明细科目	百	十	万	千	百	十	元	角	分	
销售材料收现金	其他业务收入	销售材料					2	0	0	0	0	
	应交税费	应交增值税（销项税额）						2	6	0	0	
收李三还款	其他应收款	李三					3	0	0	9	0	
附件 3 张	合计					¥	5	2	6	9	0	

会计主管：　　　记账：　　　复核：　　　出纳：　　　制单：李强

图 4-16　编制现金收款凭证

例 4-4 某企业 2022 年 8 月 25 日向美华公司购买 A、B 两种原材料，增值税专用发票上注明 A 种原材料买价 10 000 元，B 种原材料买价 20 000 元，两种原材料增值税共计 3 900 元，货款已通过银行支付（原始凭证略）。

根据审核合格的增值税专用发票、银行付款通知、原材料成本计算单、原材料验收入库单等原始凭证及购销合同等，编制银行存款付款凭证，如图 4-17 所示。

付　款　凭　证

2022 年 8 月 25 日

贷方科目：银行存款　　　　　　　　　　　　　　　　　　银付字 07 号

摘要	借方科目		金额									记账✓
	一级科目	明细科目	百	十	万	千	百	十	元	角	分	
购买材料付款	原材料	A 材料			1	0	0	0	0	0	0	
		B 材料			2	0	0	0	0	0	0	
	应交税费	应交增值税（进项税额）				3	9	0	0	0	0	
附件 4 张	合计			¥	3	3	9	0	0	0	0	

会计主管：　　　记账：　　　复核：　　　出纳：　　　制单：李强

图 4-17　编制银行存款付款凭证

例 4-5 某企业 2022 年 8 月 26 日将超出库存现金限额的多余现金 10 000 元存入银行（原始凭证略）。

根据审核合格的现金缴款单编制现金付款凭证，如图 4-18 所示。

付　款　凭　证

2022 年 8 月 26 日

贷方科目：库存现金　　　　　　　　　　　　　　　　　　现付字 012 号

摘要	借方科目		金额									记账✓
	一级科目	明细科目	百	十	万	千	百	十	元	角	分	
多余现金存入银行	银行存款	工行户			1	0	0	0	0	0	0	
附件 1 张	合计			¥	1	0	0	0	0	0	0	

会计主管：　　　记账：　　　复核：　　　出纳：　　　制单：李强

图 4-18　编制现金付款凭证

例 4-6 某企业生产车间2022 年 7 月 25 日领用 A、B 两种原材料用于甲产品的生产。其中 A 种原材料 10 500 元，B 种原材料 4 000 元。

根据审核合格的领料单填制转账凭证，如图 4-19 所示。

转　账　凭　证

2022 年 7 月 25 日　　　　转字 21 号

摘要	会计科目		借方金额									贷方金额									记账
	一级科目	明细科目	百	十	万	千	百	十	元	角	分	百	十	万	千	百	十	元	角	分	✓
生产领用材料	生产成本	甲产品			1	4	5	0	0	0	0										
	原材料	A 材料												1	0	5	0	0	0	0	
		B 材料													4	0	0	0	0	0	
附件 1 张	合计			¥	1	4	5	0	0	0	0		¥	1	4	5	0	0	0	0	

会计主管：　　　　记账：　　　　复核：　　　　制单：李强

图 4-19　编制转账凭证

四、会计凭证的保管

会计凭证包括原始凭证和记账凭证，是企业重要的文件，是企业会计档案的重要组成部分。在记账凭证登记账簿后，会计人员要对会计凭证进行整理和归档。

（1）会计凭证应当及时传递整理，不得积压。

（2）会计凭证登记完毕后，应当按照分类和编号顺序保管，不得散乱丢失。

（3）记账凭证应当连同所附的原始凭证或者原始凭证汇总表，按照编号顺序，折叠整齐，按期装订成册，并加具封面，注明单位名称、年度、月份和起讫日期、凭证种类、起讫号码，由装订人在装订线封签外签名或者盖章。

为保证会计档案的完好，通常采用装订线装订会计凭证。为防止任意拆装，应在装订处贴上封签，并由经办人员在封签处加盖骑缝章。对一些同种类、数量多的原始凭证可以单独装订保管，在封面上写明对应的记账凭证的日期、编号等信息，同时在记账凭证封面上注明“附件另订”字样。

各种经济合同、存出保证金收据以及涉外文件等重要原始凭证，可以另编目录，单独登记保管，并在有关的记账凭证和原始凭证上相互注明日期和编号。

（4）会计凭证整理后应指定专人负责保管，年度终了后移交企业档案管理部门，严加管理。原始凭证不得外借，其他单位如因特殊原因需要使用原始凭证时，经本单位会计机构负责人、会计主管人员批准，可以复制。向外单位提供的原始凭证复制件，应当在专设的登记簿上登记，并由提供人员和收取人员共同签名或者盖章。本单位人员调阅时也应办理相应手续。

（5）从外单位取得的原始凭证如有遗失，应当取得原开出单位盖有公章的证明，并注明原来凭证的号码、金额和内容等，由经办单位会计机构负责人、会计主管人员和单位领导人批准后，才能代作原始凭证。如果确实无法取得证明的，如火车、轮船、飞机票等凭证，由当事人写出详细情况，由经办单位会计机构负责人、会计主管人员和单位领导人批准后，代作原始凭证。

会计凭证应按照会计档案保管的有关规定，保管一定期限，保管期满后方可销毁。销毁时须先填列销毁清单，经过批准后进行，有关人员应该在销毁清单上签名。

第四节　登记会计账簿

一、登记会计账簿的基本规则

（一）账簿的启用规则

为了明确责任，保证账簿记录的合法、真实性，启用会计账簿时，应当在账簿封面上写明单位名称和账簿名称。在账簿扉页上应当附启用表，内容包括：启用日期、账簿页数、记账人员和会计机构负责人、会计主管人员姓名，并加盖名章和单位公章。记账人员或者会计机构负责人、会计主管人员调动工作时，应当注明交接日期、接办人员或者监交人员姓名，并由交接双方人员签名或者盖章。启用订本式账簿，应当从第一页到最后一页顺序编定页数，不得跳页、缺号。使用活页式账页，应当按账户顺序编号，并定期装订成册。装订后再按实际使用的账页顺序编定页码，另加目录记明每个账户的名称和页次。

（二）登记账簿的规则

会计账簿依据审核后合格的会计凭证登记。为了严肃账簿记录，使账簿记录清晰、整洁，减少账簿登记错误，便于长期保存，登记会计账簿时必须遵守以下基本要求。

（1）登记会计账簿时，应当将会计凭证日期、编号、业务内容摘要、金额和其他有关资料逐项记入账内；做到数字准确、摘要清楚、登记及时、字迹工整。

（2）登记完毕后，要在记账凭证上签名或者盖章，并注明已经登账的符号，表示已经记账。

(3) 账簿中书写的文字和数字上面要留有适当空格，不要写满格；一般应占行高的1/2。

(4) 登记账簿要用蓝黑墨水或者碳素墨水书写，不得使用圆珠笔（银行的复写账簿除外）或者铅笔书写。

(5) 除了以下情况可以用红色墨水记账以外，不得使用红色墨水：按照红字冲账的记账凭证冲销错误记录；在不设借贷方向的多栏式账页中登记减少数；根据国家统一会计制度规定可以用红字登记的其他会计记录。

(6) 各种账簿按页次顺序连续登记，不得跳行、隔页。如果发生跳行、隔页，应当将空行、空页画线注销，或者注明"此行空白""此页空白"字样，并由记账人员签名或者盖章。

(7) 凡需要结出余额的账户，结出余额后，应当在"借或贷"栏内写明"借"或者"贷"等字样。没有余额的账户，应当在"借或贷"栏内写"平"字，并在余额栏内用"—"或"θ"表示。库存现金日记账和银行存款日记账必须逐日结出余额。

(8) 每一账页登记完毕结转下页时，应当结出本页合计数及余额，写在本页最后一行和下页第一行有关栏内，并在摘要栏内注明"过次页"和"承前页"字样；也可以将本页合计数及余额只写在下页第一行有关栏内，并在摘要栏内注明"承前页"字样。对需要结计本月发生额的账户，结计"过次页"的本页合计数应当为自本月初起至本页末止的发生额合计数；对需要结计本年累计发生额的账户，结计"过次页"的本页合计数应当为自年初起至本页末止的累计数；对既不需要结计本月发生额，也不需要结计本年累计发生额的账户，可以只将每页末的余额结转次页。

（三）登记账簿注意的问题

(1) 日期。会计账簿中的日期应当根据记账凭证上的日期填写。

(2) 凭证编号。凭证编号是指记账凭证的编号。

(3) 摘要。摘要是对经济业务内容的简要说明，应根据记账凭证上的摘要内容抄写。

(4) 金额。金额应根据记账凭证上本科目的"借"或"贷"方向及金额抄列。每个阿拉伯数字要靠近账表行格底线，字体高度占行高的1/2以下，不得写满格。"6"要比一般数字向右上方长出1/4，"7""9"要向左下方（过底线）长出1/4；阿拉伯数字字体要向左下方倾斜，倾斜度一般为45°。一律写到角和分，没有角和分的，角位和分位要写"0"，不能为空。

（5）余额。余额必须先写明余额所在的方向（借或贷，通常资产类账户的余额为借方，负债类及所有者权益类账户的余额为贷方），然后写金额，日记账必须每日计算余额，总账可以月末计算余额，永续盘存制下的进销存明细账应连续计算数量余额。

二、日记账簿的登记

1. 三栏式日记账

三栏式日记账中的主要栏目有借方、贷方和余额或收入、付出、结余三栏。

（1）库存现金日记账一般由出纳人员根据审核合格的现金收款凭证、现金付款凭证和银行存款付款凭证或通用记账凭证逐日逐笔登记，每日结出余额（见图 4-20）。具体包括：

1）日期。日期应根据现金收款凭证、现金付款凭证和银行存款付款凭证或通用记账凭证上的日期进行登记。

2）凭证号数。凭证号数应抄写现金收款凭证、现金付款凭证和银行存款付款凭证或通用记账凭证右上角的凭证编号。

3）摘要。摘要应按照现金收款凭证、现金付款凭证和银行存款付款凭证或通用记账凭证上的摘要抄写。

4）对方科目。对方科目是指记账凭证上“库存现金”科目的对应会计科目。

5）借方金额。记账凭证上“库存现金”科目如果为借方发生额，则根据记账凭证上“库存现金”科目借方金额填写。

6）贷方金额。记账凭证上“库存现金”科目如果为贷方发生额，则根据记账凭证上“库存现金”科目贷方金额填写。注意与记账凭证上“库存现金”科目的借贷方向、金额一致。

7）借或贷及余额。库存现金日记账应每天清算余额，应在本日最后一笔业务的余额栏结出余额。并在“借或贷”中写明“借”。

（2）银行存款日记账一般由出纳人员根据审核合格的银行存款收款凭证、银行存款付款凭证和现金付款凭证或通用记账凭证逐日逐笔登记，每天结出余额（见图 4-21）。具体包括：

1）日期。日期应根据银行存款收款凭证、银行存款付款凭证和现金付款凭证或通用记账凭证上的日期进行登记。

2）凭证号数。凭证号数应抄写银行存款收款凭证、银行存款付款凭证和现金付款凭证或通用记账凭证右上角的凭证编号。

库存现金日记账

第23页

2022年		凭证号数	摘要	对方科目	借方											贷方											借或贷	余额										
月	日				千	百	十	万	千	百	十	元	角	分	√	千	百	十	万	千	百	十	元	角	分	√		千	百	十	万	千	百	十	元	角	分	√
1			上年结转																								借					3	0	0	0	0	0	
7	31		本期发生额及余额					3	4	2	9	0	0	0					2	1	0	0	0	0	0		借					2	0	0	0	0	0	
8	3	银付01	提现备发工资	银行存款				4	1	0	0	0	0	0																								
	3	现付01	发放工资	应付职工薪酬															4	1	0	0	0	0	0		借					2	0	0	0	0	0	
	22	现付03	刘敏借差旅费	其他应收款																	5	0	0	0	0		借					1	5	0	0	0	0	
	31	现收01	销售材料	其他业务收入					2	0	0	0	0	0																								
				应交税费						2	6	0	0	0													借					3	7	6	0	0	0	
8	31		本期发生额及余额					4	3	2	6	0	0	0					4	1	5	0	0	0	0							3	7	6	0	0	0	
9	1	现付01	现金存入银行	银行存款																2	0	0	0	0	0		借					1	7	6	0	0	0	
⋮																																						

依据记账凭证的日期

依据记账凭证的种类和编号

简要说明经济业务内容

分录中库存现金对应的总分类会计科目

根据记账凭证中的借贷方向及金额填写

每日计算余额

图4-20　库存现金日记账

银行存款日记账

第 28 页

2022 年		凭证号数	摘要	结算凭证编号	对方科目	借方											贷方											借或贷	余额										
月	日					千	百	十	万	千	百	十	元	角	分	√	千	百	十	万	千	百	十	元	角	分	√		千	百	十	万	千	百	十	元	角	分	√
1			上年结转																									借			3	2	1	2	1	1	0	0	
7	31		本月发生额合计及余额					2	5	6	7	1	2	0	0					9	2	1	1	1	0	0		借			3	8	0	0	0	0	0	0	
8	3	银付 01	提现备发工资	现支 6228	库存现金															4	1	0	0	0	0	0					3	3	9	0	0	0	0	0	
	8	银付 02	付购入甲材料款及其税金	信汇 222	材料采购															3	3	9	0	0	0	0					3	0	5	1	0	0	0	0	
	15	银付 03	归还欠翌祥厂货款	托收 111	应付账款															3	5	0	0	0	0	0		借			2	7	0	1	0	0	0	0	
	25	银付 04	上交上月增值税	转 88	应交税费															5	5	0	0	0	0	0		借			2	1	5	1	0	0	0	0	
	29	银收 01	销售 A 产品收款	现支 99	主营业务收入				2	0	0	0	0	0	0																								
	29	银收 01	销售 A 产品收款	现支 99	应交税费					2	6	0	0	0	0										0	0		借			2	3	7	7	0	0	0	0	
8	31		本月发生额合计及余额						2	2	6	0	0	0	0				1	6	4	9	0	0	0	0					2	3	7	7	0	0	0	0	
9	1	现付 01	现金存入银行	现缴款单 102	库存现金					2	0	0	0	0	0													借			2	3	9	7	0	0	0	0	

图 4-21　银行存款日记账

3）摘要。摘要应按照银行存款收款凭证、银行存款付款凭证和现金付款凭证或通用记账凭证上的摘要抄写。

4）结算凭证编号。结算凭证编号是指证明银行存款增加或减少的原始凭证的号码，根据原始凭证编码填写，便于与银行提供的对账单进行核对。

5）对方科目。对方科目是指记账凭证上“银行存款”科目的对应会计科目。三栏日记账由于只有一个“对方科目”栏，当“银行存款”科目对应多个会计科目时，只能填写一个最主要的对方科目。在复杂经济业务中，不能全面反映库存现金或银行存款科目对应的全部科目，不能全面了解业务情况。

6）借方金额。借方金额应根据记账凭证上“银行存款”科目借方金额填写。注意借贷方向、金额的一致。

7）贷方金额。记账凭证上“银行存款”科目如果为贷方发生额，则根据记账凭证上“银行存款”科目贷方金额填写。注意与记账凭证上“银行存款”科目的借贷方向、金额一致。

8）借或贷及余额。银行存款日记账应每天结算余额。并在“借或贷”中写明“借”。

2. 多栏式日记账

多栏式日记账是在日记账账页的借方、贷方分别设置若干个对应科目栏，详细反映库存现金、银行存款收入来源、付出去向的日记账簿。多栏式银行存款日记账具体格式如图4-22所示。

多栏式银行存款日记账 第 页

2022年		凭证编号	摘要	收入				付出				结余
月	日			主营业务收入	应交税费	应收账款	现金	材料采购	应交税费	应付账款	现金	
1	1		上年结转									321 211
7	31		本月发生额合计及余额	30 000	5100	23 500		10 000	1 700	35 600		380 000
8	3	银付01	提现备发工资								41 000	339 000
	8	银付02	付购入甲材料款及其税金					30 000	3 900			305 100
	15	银付03	归还欠翌祥厂货款							35 000		270 100
	25	银付04	上交上月增值税						55 000			215 100
	29	银收01	销售A产品收款	20 000	2 600							237 700
8	31		本月发生额合计及余额	20 000	2 600			30 000	58 900	35 000	41 000	237 700
9	1	现付01	现金存入银行				2 000					239 700
⋮												

图4-22 多栏式银行存款日记账

库存现金多栏式日记账由出纳人员根据审核合格的现金收款凭证、现金付款凭证和银行存款付款凭证或通用记账凭证逐日逐笔登记，每日结出余额；银行存款日记账一般由出纳人员根据审核合格的银行存款收款凭证、银行存款付款凭证和现金付款凭证或通用记账凭证逐日逐笔登记，每日结出余额。当管理上需要掌握库存现金或银行存款增、减的来源或去向，且业务种类不繁杂时，可以采用这种格式。由于对应科目繁多时，多栏式日记账账页庞大，所以库存现金或银行存款收付业务种类繁多的企业不适合采用这种日记账。

三、总账的登记

总账全面、总括地反映企事业单位的经济活动，是主要的会计账簿。总账通常采用订本式形式，格式上有三栏式和多栏式两种，多栏式总账不常用到，这里省略。

总账可以直接根据审核合格的记账凭证登记；也可以先将记账凭证按照不同的方法汇总成科目汇总表或汇总记账凭证后，再根据科目汇总表或汇总记账凭证登记；还可以根据多栏式日记账进行登记。由于登记总账的依据不同，所以账务处理程序分别有记账凭证账务处理程序、科目汇总表账务处理程序、汇总记账凭证账务处理程序和多栏式日记账账务处理程序。企事业单位选择何种账务处理程序，具体要由会计机构负责人或会计主管根据企事业单位实际情况来决定。以下分别说明记账凭证账务处理程序和科目汇总表账务处理程序下总账的登记。

1. 记账凭证账务处理程序——直接根据审核合格的记账凭证登记总账

将审核合格的记账凭证按照编号顺序进行整理，按照记账凭证顺序依次登记总账，流程如图 4-23 所示。

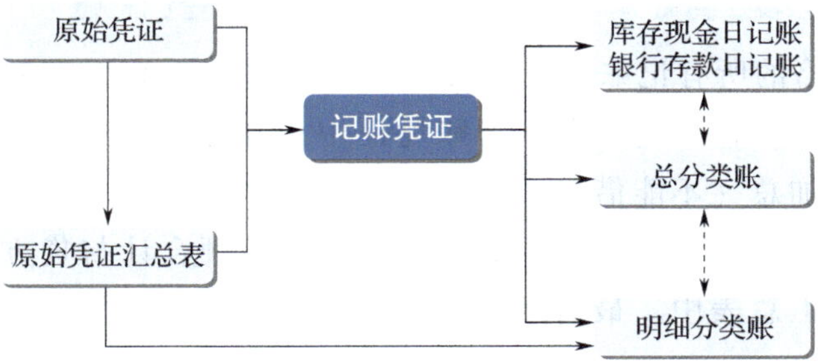

图 4-23 根据记账凭证登记总账流程

对于每一张记账凭证，先将记账凭证上借方科目及金额在相应的总账的借方进行金额登记，并在记账凭证“记账√”栏打“√”，表示本科目已经过账；然后将记账凭证上贷方科目及金额在相应的总账的贷方进行金额登记，并在记账凭证"记账√"栏打"√"，表示本科目已经过账。

例 4-7 结转已完工产品成本（原始凭证省略），编制记账凭证如图 4-24 所示。

记 账 凭 证

2022 年 9 月 30 日　　　　记字 043 号

摘要	会计科目		借方金额									贷方金额									记账
	一级科目	明细科目	百	十	万	千	百	十	元	角	分	百	十	万	千	百	十	元	角	分	✓
结转已完工	库存商品	电暖气 IV		2	6	2	0	0	0	0	0										✓
产品成本		电暖气 EV		2	8	3	0	0	0	0	0										
	生产成本	电暖气 IV											2	6	2	0	0	0	0	0	✓
		电暖气 EV											2	8	3	0	0	0	0	0	
附件 1 张	合计		¥	5	4	5	0	0	0	0	0	¥	5	4	5	0	0	0	0	0	

会计主管：　　　记账：　　　复核：王蓉蓉　　　制单：董丽

图 4-24 编制记账凭证

将图 4-24 记账凭证上借方科目及金额在图 4-25 库存商品总账的借方登记金额 545 000.00，并在记账凭证"记账√"栏打"√"，表示本科目已经过账；将记账凭证上贷方科目及金额在图 4-26 生产成本总账的贷方登记金额 545 000.00，并在记账凭证"记账√"栏打"√"，表示本科目已经过账。

总账的余额一般在月末结账时集中计算，不用每日计算。

2. 科目汇总表账务处理程序——根据科目汇总表登记总账

将审核合格的所有记账凭证按照编号顺序进行整理，按照记账凭证定期编制科目汇总表。将一定时期内记账凭证中相同会计科目的借方金额和贷方金额分别进行加总（不能借贷抵减），计算出各个会计科目借方发生额合计与贷方发生额合计，并将会计科目名称、借方发生额合计与贷方发生额合计依次登记在科目汇总表中。最后对科目汇总表进行试算平衡，检查汇总过程有无遗漏、差错。

根据科目汇总表依次登记总账，流程如图 4-27 所示。先将科目汇总表上某一会计科目的借方金额及贷方金额在相应总账的借方和贷方分别进行登记，并在科目汇总表"√"栏打"√"，表示本科目借贷金额已经过账。

总 账

会计科目：库存商品　　　　　　　　　　　　　　　　　　　　第 45 页

2022年		凭证号数	摘要	借方											贷方											借或贷	余额										
月	日			千	百	十	万	千	百	十	元	角	分	✓	千	百	十	万	千	百	十	元	角	分	✓		千	百	十	万	千	百	十	元	角	分	✓
1			上年结转																							借			1	2	1	0	0	0	0	0	
8	31		本月发生额合计及余额			2	1	3	0	0	0	0	0					8	9	0	0	0	0	0		借			1	9	5	0	0	0	0	0	
8	31		本年累计			5	4	5	3	0	0	0	0				4	7	1	3	0	0	0	0					1	9	5	0	0	0	0	0	
9	30	记 043	结转已完工产品成本			5	4	5	0	0	0	0	0																								
9	30	记 045	结转已销售产品成本															6	3	1	0	0	0	0													
9	30	记 046	结转管理部门领用																	5	0	0	0	0													
9	30		本月合计			5	4	5	0	0	0	0	0					6	3	6	0	0	0	0		借			6	7	6	4	0	0	0	0	
9	30		本年累计		1	0	9	0	3	0	0	0	0				5	3	4	9	0	0	0	0		借			6	7	6	4	0	0	0	0	
12	31		本月合计				5	1	1	0	0	0	0					3	3	6	0	0	0	0		借		1	2	8	6	1	0	0	0	0	
	31		本年累计		1	9	8	5	1	0	0	0	0				8	2	0	0	0	0	0	0		借		1	2	8	6	1	0	0	0	0	
			结转下年																							借		1	2	8	6	1	0	0	0	0	

图4-25　库存商品总账

总 账

会计科目：生产成本 第46页

2022年		凭证号数	摘要	借方											贷方											借或贷	余额										
月	日			千	百	十	万	千	百	十	元	角	分	✓	千	百	十	万	千	百	十	元	角	分	✓		千	百	十	万	千	百	十	元	角	分	✓
1			上年结转																							借			3	1	5	0	0	0	0	0	
8	31		本月合计			1	3	5	0	0	0	0	0				1	2	1	0	0	0	0	0		借			6	5	0	0	0	0	0	0	
8	31		本年合计			9	0	0	0	0	0	0	0				5	6	5	0	0	0	0	0		借			6	5	0	0	0	0	0	0	
9	6	记06	领用材料				2	2	0	0	0	0	0																								
9	10	记10	领用材料				3	0	5	0	0	0	0																								
9	20	记16	生产工人工资				5	3	5	0	0	0	0																								
9	21	记18	动力费					4	1	0	0	0	0																								
9	30	记40	结转制造费用				1	5	0	0	0	0	0																								
9	30	记43	完工结转														5	4	5	0	0	0	0	0													
9	30		本月合计			1	2	5	1	0	0	0	0				5	4	5	0	0	0	0	0		借			2	3	0	1	0	0	0	0	
9	30		本年累计		1	0	2	5	1	0	0	0	0			1	1	1	0	0	0	0	0	0		借			2	3	0	1	0	0	0	0	
12	31		本月合计			2	0	5	1	0	0	0	0				3	1	5	0	0	0	0	0		借			6	1	0	1	0	0	0	0	
	31		本年累计		2	1	2	5	1	0	0	0	0			1	8	3	0	0	0	0	0	0		借			6	1	0	1	0	0	0	0	
			结转下年																							借			6	1	0	1	0	0	0	0	

图4-26 生产成本总账

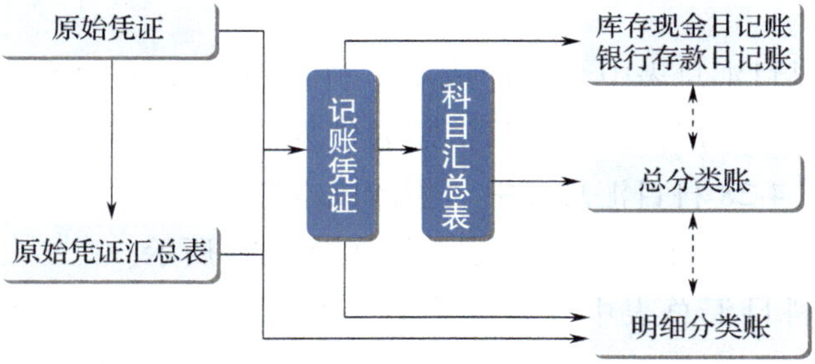

图4-27　根据科目汇总表登记总账流程

例 4-8 根据记账凭证编制的科目汇总表如图4-28 所示，根据科目汇总表登记生产成本总账及短期借款总账（其余省略）。

科目汇总表

2022 年 9 月 1 日至 9 月 10 日

记账凭证记字自01 号至36 号止　　　　编号：汇 01

会计科目	借方											贷方										
	千	百	十	万	千	百	十	元	角	分	✓	千	百	十	万	千	百	十	元	角	分	✓
库存现金					2	3	0	0	0	0												
银行存款			2	1	5	0	0	0	0	0				2	0	0	4	0	0	0	0	
应收账款			9	0	0	0	0	0	0	0				1	3	5	0	0	0	0	0	
原材料															2	2	5	0	0	0	0	
固定资产			1	2	3	0	0	0	0	0												
生产成本				5	2	5	0	0	0	0	✓											
短期借款				5	0	0	0	0	0	0	✓				8	0	0	0	0	0	0	✓
应付职工薪酬															3	0	0	0	0	0	0	
主营业务收入														9	0	0	0	0	0	0	0	
管理费用				2	5	1	0	0	0	0												
合　计		1	3	6	7	9	0	0	0	0			1	3	6	7	9	0	0	0	0	

会计主管：　　　记账：　　　复核：王蓉蓉　　　制单：董丽

图 4-28　科目汇总表

将图4-28科目汇总表中“生产成本”科目借方金额52 500.00，在生产成本总账的借方进行登记，并在科目汇总表借方“√”栏打“√”，表示本金额已经过账。因图4-28科目汇总表中“生产成本”科目贷方金额为0，故在生产成本总账的贷方不用登记。以上登记结果如图4-29所示。

将图4-28科目汇总表中“短期借款”科目借方金额50 000.00，在短期借款总账的借方登记50 000.00，并在科目汇总表借方“√”栏打“√”，表示本科目借方已经过账；图4-28科目汇总表中“短期借款”科目贷方金额80 000.00，在短期借款总账的贷方登记金额80 000.00，并在科目汇总表贷方“√”栏打“√”，表示本科目贷方已经过账。以上登记结果如图4-30所示。

四、明细分类账簿的登记

明细分类账簿详细反映某一类别经济业务，是总账的补充说明。明细分类账采用活页形式，格式上有三栏式、数量金额式和多栏式三种。明细分类账簿登记应与总账平行进行，并定期与总账进行核对，保证会计账簿记录正确。

1. 三栏式明细分类账

三栏式明细分类账用于仅需要金额变动信息的某一类事项的详细记录，如债权、债务明细账，反映对于某一债务人或债权人的债权或债务的形成、偿还和余额。应收票据、应收账款、预付账款、其他应收款、短期借款、应付票据、应付账款、预收账款、其他应付款、应交税费（应交增值税除外）、应付职工薪酬等均用三栏式设置其明细分类账。三栏式明细账根据审核合格的原始凭证和记账凭证登记，及时结出余额。

将记账凭证上的借方科目及金额、贷方科目及金额在相应的总账中进行金额登记的同时，在总账所属的明细分类账中进行登记。如果记账凭证上的借方科目或贷方科目是债权或债务类会计科目，则应在登记总账的同时登记该总账所属的三栏明细分类账，登记的日期、方向及金额应与该总账保持一致。

总　账

会计科目：生产成本　　　　　　　　　　　　　　　　　　　　第 012 页

2022 年		凭证号数	摘要	借方											贷方											借或贷	余额										
月	日			千	百	十	万	千	百	十	元	角	分	✓	千	百	十	万	千	百	十	元	角	分	✓		千	百	十	万	千	百	十	元	角	分	✓
1			上年结转																							借			3	1	5	0	0	0	0	0	
8	31		本月合计			1	3	5	0	0	0	0	0				1	2	1	0	0	0	0	0		借			6	5	0	0	0	0	0	0	
8	31		本年合计			9	0	0	0	0	0	0	0				5	6	5	0	0	0	0	0		借			6	5	0	0	0	0	0	0	
9	10	汇 01	1～10 日发生额				5	2	5	0	0	0	0																								
9	20	汇 02	11～20 日发生额				5	3	5	0	0	0	0																								
9	30	汇 03	21～30 日发生额				1	9	1	0	0	0	0				5	4	5	0	0	0	0	0													
9	30		本月合计			1	2	5	1	0	0	0	0				5	4	5	0	0	0	0	0		借			2	3	0	1	0	0	0	0	
9	30		本年累计		1	0	2	5	1	0	0	0	0			1	1	1	0	0	0	0	0	0		借			2	3	0	1	0	0	0	0	
12	31		本月合计			2	0	5	1	0	0	0	0				3	1	5	0	0	0	0	0		借			6	1	0	1	0	0	0	0	
	31		本年累计		2	1	2	5	1	0	0	0	0			1	8	3	0	0	0	0	0	0		借			6	1	0	1	0	0	0	0	
			结转下年																							借			6	1	0	1	0	0	0	0	

图4-29　根据科目汇总表登记的生产成本总账

总 账

会计科目：短期借款 第056页

2022年		凭证号数	摘要	借方											贷方											借或贷	余额										
月	日			千	百	十	万	千	百	十	元	角	分	✓	千	百	十	万	千	百	十	元	角	分	✓		千	百	十	万	千	百	十	元	角	分	✓
1			上年结转																							贷		1	3	1	0	0	0	0	0	0	
8	31		本月合计			1	3	0	0	0	0	0	0				2	2	1	0	0	0	0	0		贷			8	7	5	0	0	0	0	0	
8	31		本年累计		1	0	0	0	0	0	0	0	0				5	6	5	0	0	0	0	0		贷			8	7	5	0	0	0	0	0	
9	10	汇01	1～10日发生额				5	0	0	0	0	0	0					8	0	0	0	0	0	0													
9	20	汇02	11～20日发生额			5	4	5	0	0	0	0	0					1	9	1	0	0	0	0													
9	30	汇03	21～30日发生额				1	9	1	0	0	0	0																								
9	30		本月合计			6	1	4	1	0	0	0	0					9	9	1	0	0	0	0		贷			3	6	0	0	0	0	0	0	
9	30		本年累计		1	6	1	4	1	0	0	0	0				6	6	4	1	0	0	0	0		贷			3	6	0	0	0	0	0	0	
12	31		本月合计			2	0	5	1	0	0	0	0				3	1	5	0	0	0	0	0		贷		1	0	1	4	9	0	0	0	0	
	31		本年累计		2	1	2	5	1	0	0	0	0			1	8	3	0	0	0	0	0	0		贷		1	0	1	4	9	0	0	0	0	
			结转下年																							贷		1	0	1	4	9	0	0	0	0	

图4-30 根据科目汇总表登记的短期借款总账

例4-9 购买材料，款未付（原始凭证省略）。编制转账凭证如图 4-31 所示。

转　账　凭　证

2022 年 10 月 8 日　　　　　　转字 05 号

摘要	会计科目		借方金额									贷方金额									记账
	一级科目	明细科目	百	十	万	千	百	十	元	角	分	百	十	万	千	百	十	元	角	分	✓
购买材料，款未付	原材料	板材			9	0	0	0	0	0	0										✓
	应交税费	应交增值税（进项）			1	1	7	0	0	0	0										
	应付账款	昭力公司											1	0	1	7	0	0	0	0	✓
附件 3 张	合计		¥	1	0	1	7	0	0	0	0	¥	1	0	1	7	0	0	0	0	

会计主管：　　　　记账：　　　　复核：王蓉蓉　　　　制单：董丽

图 4-31　编制转账凭证

将记账凭证上借方科目的金额在原材料总账、应交税费总账的借方登记，将记账凭证上贷方科目的金额在应付账款总账的贷方登记（总账登记方式见本章本节第三部分内容，此处省略）；同时，分别登记原材料——板材明细分类账（数量金额式）、应交税费——应交增值税明细分类账（多栏式）和应付账款——昭力公司明细分类账（三栏式）。

其中，应付账款——昭力公司明细分类账的登记过程如下：

（1）日期：抄写记账凭证中的日期“10 月 8 日”。

（2）凭证编号：抄写记账凭证右上角的凭证编号“转 05”。

（3）摘要：抄写记账凭证中的摘要“购买材料，款未付”。

（4）方向与金额：根据记账凭证中应付账款——昭力公司科目的方向及金额，在明细账的贷方记录金额 101 700. 00。

（5）在余额栏计算本笔业务发生后明细账的余额，并在“借或贷”栏写“贷”。

以上登记结果如图 4-32 所示。

2. 数量金额式明细分类账

对具有实物形态的财产物资进行进销存明细核算时，一般运用数量金额式明细分类账，如原材料、库存商品、固定资产、投资性房地产、交易性金融资产等明细分类账。

以原材料明细分类账登记为例说明数量金额式明细分类账的登记。

应付账款分类账

二级或明细账户：昭力公司　　　　　　　　　　　　　　　　第　　页

2022年		凭证号数	摘要	借方											贷方											借或贷	余额										
月	日			千	百	十	万	千	百	十	元	角	分	✓	千	百	十	万	千	百	十	元	角	分	✓		千	百	十	万	千	百	十	元	角	分	✓
1			上年结转																							贷				2	8	7	0	0	0	0	
8	31		本月合计				2	2	0	0	0	0	0					1	2	0	0	0	0	0		贷				8	2	0	0	0	0	0	
9	11	银付02	偿还欠款				6	5	0	0	0	0	0													贷				1	7	0	0	0	0	0	
9	21	银付05	偿还欠款				1	7	0	0	0	0	0													平									0	0	
9	30		本月合计				8	2	0	0	0	0	0													平									0	0	
10	8	转05	购买材料，款未付														1	0	1	7	0	0	0	0		贷			1	0	1	7	0	0	0	0	

图4-32　应付账款分类账

原材料明细分类账的“收入”栏根据审核合格的材料验收入库单中的实收数量、单位成本、金额和记账凭证等填写数量、单价及金额；“发出”栏数量的登记根据审核合格领料单或发料单或发料凭证汇总表中实际发出数量登记。“发出”栏单价及金额的登记，要根据企业所选择的会计政策（发出原材料计价方法有个别计价法、先进先出发、移动加权平均法、全月一次加权平均法），确定发出材料单价，计算发出材料的金额，编制记账凭证并进行明细账登记。

如果选用个别计价法，则根据审核合格的记账凭证和领料单或发料单或发料凭证汇总表中实际发出数量登记“发出”栏的“数量”“单价”及“金额”，随时计算账面“结存”栏的“数量”“单价”及“金额”。

如果选用全月一次加权平均法，则平时仅根据领料单或发料单或发料凭证汇总表中实际发出数量登记“发出”栏的“数量”，不登记“发出”栏的单价及金额。平时“结存”栏也仅计算结存的数量，不计算单价及金额。月末集中计算全月加权平均单价，计算发出材料的金额和结存材料的金额。

所涉及的计算公式如下：

$$\text{某材料全月一次加权平均单位成本}=\frac{\text{该原材料期初结余金额}+\text{本期验收入库该原材料的金额}}{\text{该原材料期初结余数量}+\text{本期入库该原材料总数量}}$$

$$\text{本期发出原材料的金额}=\text{本月发出该原材料数量}\times\text{全月一次加权平均单位成本}$$

$$\text{期末结存原材料的金额}=\text{该原材料期初结余金额}+\text{本期验收入库该原材料的金额}-\text{本期发出原材料的金额}$$

续例 4-9，如企业发出材料采用全月一次加权平均法计价，则原材料——板材明细分类账的登记过程如下：

（1）设置原材料明细分类账：在空白数量金额式账页上方填写“原材料”，在“明细账户”后填写“板材”，并按照材料的实际情况填写“规格”“存放地点”“计量单位”等信息。

（2）日期：抄写记账凭证中的日期“10 月 8 日”。

（3）凭证编号：抄写记账凭证右上角的凭证编号“转 05”。

（4）摘要：抄写记账凭证中的摘要“购买材料，款未付”。

（5）方向与金额：根据记账凭证中的原材料板材科目的方向及金额、原始凭证材料入库单中“实收数量”及“单位成本”等信息，在原材料——板材明细分类账的“收入”栏中的“数量”栏登记 750，“单价”栏登记 120，“金额”栏登记 90 000. 00。

（6）在“结存”栏计算本笔业务发生后结余的数量。

以上登记结果如图 4-33 所示。

原材料明细账

明细账户：板材

规格：50mm　　　　仓库：3 号库　　　　编号：070811　　　　计量单位：元/kg　　　　第　　页

2022年		凭证号数	摘要	收入													发出													结存												
				数量	单价	金额											数量	单价	金额											数量	单价	金额										
月	日					千	百	十	万	千	百	十	元	角	分	✓			千	百	十	万	千	百	十	元	角	分	✓			千	百	十	万	千	百	十	元	角	分	✓
1			上年结转																											300	100				3	0	0	0	0	0	0	
8	31		本月合计	500					5	0	0	0	0	0	0		400	100				4	0	0	0	0	0	0		600	100				6	0	0	0	0	0	0	
9	10	转02	购入并入库	500	100				5	0	0	0	0	0	0															1 100				1	1	0	0	0	0	0	0	
9	20	转05	生产领用														300													800												
9	22	转09	购入	200	110				2	2	0	0	0	0	0															1 000												
9	24	转10	购入	500	100				5	0	0	0	0	0	0															1 500												
9	30		本月合计	1 200				1	2	2	0	0	0	0	0		300	101.11				3	0	3	3	3	0	0		1 500	101.11			1	5	1	6	6	7	0	0	
10	8	转05	购买材料，款未付	750	120				9	0	0	0	0	0	0															1 780												

图4-33　原材料明细分类账

3. 多栏式明细分类账

多栏式明细分类账可以详细反映某会计账户借方或贷方发生额的具体构成情况，提供详细资料，栏次的多少根据管理需要确定，并依据审核合格的原始凭证和记账凭证逐笔登记。在只有借方没有贷方的单方多栏明细账中，贷方发生额用红字书写（或在数字前加“－”号），表示减少；同样在只有贷方没有借方的单方多栏明细账中，借方发生额用红字书写（或在数字前加“－”号），表示减少。

以生产成本明细分类账为例说明借方多栏明细分类账的登记。

选用单方七栏明细账账页，在空白账页上方填写“生产成本”，在“明细账户”后填写“电暖气 EV”，即建立生产成本——电暖气 EV 明细分类账，接着根据产品成本构成情况分别设立“直接材料”“直接人工”“制造费用”等栏目。用同样的方法，建立生产成本——电暖气 IV 明细分类账。这样，生产成本总账就有两个明细分类账。

续例 4-7 结转已完工产品成本（记账凭证见图 4-24）。

按照记账凭证中的会计科目的借贷方向及金额在库存商品总账、生产成本总账中登记的同时，还应根据记账凭证及原始凭证在库存商品所属明细分类账（数量金额式）、生产成本所属明细分类账（多栏式）中进行登记。生产成本明细分类账的登记过程如下：

（1）日期：根据记账凭证中的日期填写“9 月 30 日”。

（2）凭证编号：抄写记账凭证右上角的凭证编号，如“记 43”。

（3）摘要：抄写记账凭证中的摘要“结转完工产品成本”。

（4）金额：记账凭证中为“贷”记生产成本电暖气 IV 和生产成本电暖气 EV 科目，但是七栏明细账为单方七栏明细账，即是所有项目仅为借方。对于贷方发生额，可以用红色笔迹登记，或以“－”号表示。因此根据原始凭证产品成本计算单和记账凭证（见图 4-24），以“－”号记录贷方发生额，分别记录“直接材料”“直接人工”“制造费用”等成本项目贷方发生额（即结转完工产品成本）。

（5）月末余额：即月末在产品成本，根据公式计算：

月末在产品成本（月末余额）= 月初在产品成本 + 本月发生的生产费用 − 本月完工产品成本

以上登记结果如图 4-34 和图 4-35 所示。

企业还应设置管理费用明细分类账、销售费用明细分类账、财务费用明细分类账、制造费用明细分类账等多栏式明细分类账。管理费用明细分类账根据企业管理费用实际构成情况设置栏目，如设立“工资及福利”“公司经费”“劳动保险”“职工培训”“业务招待费”“研究开发”“税费”“其他”“合计”等栏目，根据记账凭证、原始凭证逐项登记，如图 4-36 所示。

生产成本七栏明细账

产品名称：电暖气 EV

2022年		凭证号数	摘要	借方																																											
				合计											直接材料											直接人工											制造费用										
月	日			万	千	百	十	万	千	百	十	元	角	分	万	千	百	十	万	千	百	十	元	角	分	万	千	百	十	万	千	百	十	元	角	分	万	千	百	十	万	千	百	十	元	角	分
8	2		略																																												
8	31		月末在产品				3	6	0	0	0	0	0	0				1	4	4	0	0	0	0	0				1	4	0	0	0	0	0	0					7	6	0	0	0	0	0
9	6	记06	领用材料					1	6	0	0	0	0	0					1	6	0	0	0	0	0																						
9	10	记10	领用材料					2	0	0	0	0	0	0					2	0	0	0	0	0	0																						
9	20	记16	生产工人工资					3	3	0	0	0	0	0																3	3	0	0	0	0	0											
9	21	记18	动力费						3	0	0	0	0	0						3	0	0	0	0	0																						
9	30	记40	结转制造费用						8	0	0	0	0	0																												8	0	0	0	0	0
9	30	记43	结转完工产品成本			−	2	8	3	0	0	0	0	0			−	1	1	7	7	0	5	0	0			−	1	1	1	2	7	4	0	0				−	5	4	0	2	1	0	0
9	30		月末余额（在产品）				1	5	7	0	0	0	0	0					6	5	2	9	5	0	0					6	1	7	2	6	0	0					2	9	9	7	9	0	0
10																																															

图 4-34　电暖气 EV 生产成本明细分类账

生产成本七栏明细账

产品名称：电暖气 IV

2022年		凭证号数	摘要	借方																																											
				合计											直接材料											直接人工											制造费用										
月	日			万	千	百	十	万	千	百	十	元	角	分	万	千	百	十	万	千	百	十	元	角	分	万	千	百	十	万	千	百	十	元	角	分	万	千	百	十	万	千	百	十	元	角	分
8	2		略																																												
8	31		月末在产品				2	9	0	0	0	0	0	0				1	4	5	0	0	0	0	0				1	3	0	5	0	0	0	0					1	4	5	0	0	0	0
9	6	记06	领用材料						6	0	0	0	0	0						6	0	0	0	0	0																						
9	10	记10	领用材料					1	0	5	0	0	0	0					1	0	5	0	0	0	0																						
9	20	记16	生产工人工资					2	0	5	0	0	0	0																2	0	5	0	0	0	0											
9	21	记18	动力费						1	1	0	0	0	0						1	1	0	0	0	0																						
9	30	记40	结转制造费用						7	0	0	0	0	0																												7	0	0	0	0	0
9	30	记43	结转完工产品成本			–	2	6	2	0	0	0	0	0			–	1	2	7	1	3	6	0	0			–	1	1	8	0	6	4	0	0				–	1	6	8	0	0	0	0
9	30		月末余额（在产品）					7	3	1	0	0	0	0					3	5	4	6	4	0	0					3	2	9	3	6	0	0						4	7	0	0	0	0

图 4-35 电暖气 IV 生产成本明细分类账

管理费用 明细账

2022年		凭证号数	摘要	借方发生额									贷方	余额
月	日			工资及福利	公司经费	劳动保险	职工培训	业务招待费	研究开发	税费	其他	累计		
8	31		本月合计		31 200.00	200.00		50 000.00				81 400.00	81 400.00	0
9	1	记2	领用原材料		500.00							500.00		
	10	记16	分配本月工资费用	40 000.00								40 500.00		
	10	记26	办公费		5 600.00							46 100.00		
	23	记29	职工教育费				5 000.00					51 100.00		
	25	记37	业务招待费					5 100.00				56 200.00		
	30	记38	印花税、房产税							2 000.00		58 200.00		
	30	记39	折旧		16 500.00							74 700.00		
	30	记52	结转本年利润										74 700.00	0
9	30		本月合计	40 000.00	22 600.00		5 000.00	5 100.00		2 000.00		74 700.00	74 700.00	0
10	8		领用原材料		23 000.00							23 000.00		

图 4-36 管理费用明细账

第五节 对账与结账

为了保证账簿登记的正确性，对企业一定时期内的经济业务进行总结，必须定期进行账目的核对和总结。

一、对账

对账是指为了保证账簿记录正确，以便编制财务报表，定期核对各种账簿记录的会计工作。各单位应当定期对会计账簿记录的有关数字与库存实物、货币资金、往来单位或者个人等进行相互核对，保证账证相符、账账相符、账实相符。对账工作每年至少进行一次。

对账的内容包括以下三个方面。

（1）账证核对。核对会计账簿记录与原始凭证、记账凭证的时间、凭证字号、内容、金额是否一致，记账方向是否相符。

（2）账账核对。核对不同会计账簿之间的账簿记录是否相符，包括总账有关账户的余额核对、总账与明细账核对、总账与日记账核对，会计部门的财产物资明细账与财产物资保管和使用部门的有关明细账核对等。

具体可通过编制“总分类账户本期发生额及余额试算平衡表”检查总账有关账户的余额是否正确，编制“明细账试算平衡表”检查总账余额及发生额是否与所属明细账余额合计、发生额合计相等。

（3）账实核对。核对会计账簿记录与财产等实有数额是否相符。包括：库存现金日记账账面余额与现金实际库存数相核对；银行存款日记账账面余额定期与银行对账单相核对；各种财物明细账账面余额与财物实存数额相核对；各种应收、应付款明细账账面余额与有关债务、债权单位或者个人核对等。

将企业的银行存款日记账与银行机构提供的对账单进行核对，是企业会计信息系统与开户银行之间的互联对接。

例如，将某企业 8 月中国工商银行账户的银行存款日记账（见图 4-37）和开户银行提供的银行对账单（见图 4-38）的账目核对（假设 8 月 27 日及以前账目已经核对相符），是该企业清查货币资产，检查银行存款账实是否相符的重要举措。开户银行提供的对账单中贷方为企业存款增加，借方为企业存款减少。核对账目时应逐日逐笔（或逐条记录）进行核对。就某一记录来说双方记账日期可能不一致，应根据摘要重点核对票号、收款金额和付款金额的一致性。如一致，应在相应金额旁打“√”；如不一致，应将该记录编制在银行存款余额调节表（见图4-39）中，查明银行存款日记账余额与开户银行提供的对账单余额不一致是由记账错误还是由未达账款造成的。如果是由企业记账差错造成的，应根据差错形成的具体原因运用正确的更正方法进行修正；如果是由开户银行记账差错造成的，应及时与开户银行沟通并解决问题；如果是由未达账款造成的，应随时跟踪未达款项的收付进度，保障存款的安全。一般情况下，如果银行存款余额调节表中“调节后的余额”一致，说明银行存款日记账余额与开户银行提供的对账单余额不一致是未达账款造成的。

中国工商银行 6103891022222 银行存款日记账

月	日	摘要	对方科目	票号	借方	贷方	余额
8	28	承前页					157 640.00
	28	办理银行汇票	其他货币资金	汇票 290		30 000.00√	127 640.00
	28	收到货款	应收账款	转支 543	26 910.00√		154 550.00
	28	支付货款	在途物资	电汇 231		21 060.00√	133 490.00
	29	收到销货款	应收账款	收账 432	57 330.00√		190 820.00
	29	支付商业承兑汇票	应付票据	078		28 080.00	162 740.00
	30	收到销货款	主营业务收入	转支 104	25 740.00		188 480.00
	31	支付货款	应付账款	转支 327		38 610.00	149 870.00
	31	提取现金	库存现金	现支 102		1 120.00√	148 750.00
	31	本月合计			109 980.00	118 870.00	148 750.00

图 4-37 银行存款日记账

中国工商银行对账单 账号：6103891022222

月	日	摘要	票号	借方	贷方	余额
8	28					157 640.00
	28	办理银行汇票	汇票 290	30 000.00√		127 640.00
	28	支付货款	电汇 231	21 060.00√		106 580.00
	29	到账款项	转支 543		26 910.00√	133 490.00
	29	代收款	收账通知 432		57 330.00√	190 820.00
	30	支取现金	现支 102	1 120.00√		189 700.00
	31	代扣水电费		2 650.00		187 050.00
	31	代收货款			68 000.00	255 050.00

图 4-38 银行对账单

银行存款余额调节表　账号：6103891022222　　　单位：元

项目	金额	项目	金额
企业银行日记账余额	148 750.00	开户银行对账单余额	255 050.00
加：银行已收，企业未收	68 000.00	加：企业已收，银行未收	25 740.00
减：银行已付，企业未付	2 650.00	减：企业已付，银行未付	28 080.00 38 610.00
调节后的余额	214 100.00	调节后的余额	214 100.00

图 4-39　银行存款余额调节表

应收账款、应付账款等债权债务项目的账实核对，需要将本企业会计信息与供应商、客户等外部单位信息进行互联，将应收账款明细账、应付账款明细账中的记录与债务人、债权人会计信息系统中的记录进行当面查对或函证查对。函证方式的查对应保留询问函以及债权人或债务人的回复函作为凭据。

存货、固定资产、无形资产等项目的账实核对，可以通过实地盘点、技术推算等方法查清财产物资的存量，并与存货、固定资产、无形资产等账户所属各个明细账户的结余数量及金额进行核对。如果核对时发现不符，应查找差异形成的原因并根据不同原因进行处理。及时发现管理中的漏洞，完善内部控制。

财产清查是企业会计信息系统与业务信息系统的互联。企业应当促进会计信息系统与业务信息系统的一体化，尽可能通过业务的处理直接驱动会计记账，减少人工操作，提高业务数据与会计数据的一致性，保障会计账簿账实相符，实现企业内部信息资源共享。

二、结账

我国有关制度规定：各单位应在一定会计期末按照规定定期结账。结账是在当期所有经济业务全部编制记账凭证并登记入账后，按照规定的方法对当期账户内的记录计算发生额合计和期末余额的会计工作。为了财务报表所提供信息的可靠性，企事业单位都应在一定会计期末，所有经济业务、转账业务登记入账后才能结账，不能为编制报表提前结账，也不能以任何理由推迟结账。

结账按照结账期间的不同，有月结、季结和年结等。

结账时应注意以下几方面。

（1）结账前，必须将本期内所发生的各项经济业务全部登记入账。

（2）结账时，应当结出每个账户的发生额合计和期末余额。需要结出当月发生额的，应当在摘要栏内注明“本月合计”字样，并在下面通栏画单红线。需要结出本年累计发生额的，应当在摘要栏内注明“本年累计”字样，并在下面通栏画单红线；12 月末的“本年累计”就是全年累计发生额。全年累计发生额下面应当通栏画双红线，如图 4-25 所示。年度终了结账时，所有总账账户都应当结出全年发生额和年末余额。

（3）年度终了，要把各账户的余额结转到下一会计年度，并在“摘要”栏注明“结转下年”字样；在下一会计年度新建有关会计账簿的第一行余额栏内填写上年结转的余额，并在“摘要”栏注明“上年结转”字样。

（4）损益类账户和部分成本类账户属于虚账户或暂记性账户，期末一般无余额，只要会计期间结束，这些账户就应该结平，不能将余额带到下一个会计期间。资产、负债和所有者权益类账户属于实账户，期末一般有余额，随企业经营活动的延续而递延至下一个会计期间。

第六节 编制财务报表

一、资产负债表的编制方法

（一）表头部分的编制

编制单位应写明企业名称的全称，编制日期应是会计报表所属的会计期间的最后一日的日期，如“2022 年 12 月 31 日”。单位应写明货币名称及计量单位，如“元”或“千元”或“万元”。

（二）基本内容部分的编制

资产负债表“年初数”栏依据上年年末资产负债表的“期末数”栏的数字填列，资产负债表“期末数”栏按以下方法填列：有些项目的数据可根据有关账户期末余额直接填列，有些项目的数据则需要分析、调整后填列。

1. 根据有关总分类账户期末余额直接填列的项目

资产负债表“期末数”栏的数据，有些项目可根据对应的有关账户期末余额直接填列，比如，资产类项目中的“交易性金融资产”；负债类项目中的“短期借款”“交易性金融负债”“应付职工薪酬”“应交税费”；所有者权益类项目中的“实收资本（或股本）”“资本公积”“盈余公积”等。

2. 根据有关账户的期末余额计算填列的项目

资产负债表中有些项目“期末数”栏的数据必须根据某几个账户期末余额计算填列。

(1) 货币资金是企业资产中流动性较强的一种资产，按存放的地点和用途不同，分为库存现金、银行存款和其他货币资金。所以“货币资金”项目的“期末数”，应根据“库存现金”账户、“银行存款”账户、“其他货币资金”账户的期末余额合计数填列。

(2) 存货是所有权归企业的、在正常生产经营活动中持有的以备出售的商品，或为了出售仍然处在加工过程中的在产品，或将在生产过程中消耗掉的物料、原料。“存货”项目的“期末数”应根据“在途物资”账户、“原材料”账户、“生产成本”账户、“库存商品”账户等的期末余额合计后填列。对存货计提了存货跌价准备的，还应在前述几个账户期末余额合计基础上抵消“存货跌价准备”账户期末余额，按抵减后的净额填列。

(3) “其他应收款”项目，根据“应收利息”“应收股利”和“其他应收款”科目的期末余额合计数，减去其对应的坏账准备金额后填列。

“其他应付款”项目，根据“应付利息”“应付股利”和“其他应付款”等总账科目余额合计填列。

(4) 在资产负债表中，有许多资产项目是按净额列示的，如“应收票据”“应收账款”“存货”“长期股权投资”“无形资产”“固定资产”“生产性生物资产”等，填列这些项目时应根据相关总账科目的余额减去其备抵科目余额后的净额。例如，“固定资产”项目是根据“固定资产”账户余额减“累计折旧”及“固定资产减值准备”账户余额后的净值填列的。

(5) 未分配利润是指企业截至期末尚未分配的利润。企业1月份至11月份资产负债表中的“未分配利润”项目“期末数”栏的数据，应根据“本年利润”账户的月末余额（借方余额或者贷方余额）和“利润分配——未分配利润”明细分类账户月末余额计算填列。“本年利润”账户月末余额方向与“利润分配——未分配利润”明细分类账户月末余额方向不一致时，“未分配利润”项目“期末数”栏的数据应是“本年利润”账户月末余额与“利润分配——未分配利润”明细分类账户月末余额的差额，贷方差额以正数列示，借方差额以负数列示。“本年利润”账户月末余额方向与“利润分配——未分配利润”明细分类账户月末余额方向一致时，“未分配利润”项目“期末数”栏的数据应是“本年利润”账户月末余额与“利润分配——未分配利润”明细分类账户月末余额的合计，贷方合计以正数列示，借方合计以负数列示。

12月份资产负债表中的“未分配利润”项目“期末数”栏的数据，应根据“利润分配——未分配利润”明细分类账户年末余额填列，贷方余额以正数列示，借方余额以负数列示。

3. 根据有关账户所属明细账户余额方向分析后填列的项目

应收账款和预收账款分别反映了企业在销售商品或提供劳务过程中形成的债权和债务，预付账款和应付账款分别反映了企业在购进货物或接受劳务过程中形成的债权和债务。

（1）“应收账款”项目应根据“应收账款”账户所属各明细账户的借方期末余额、“预收账款”账户所属有关明细账户的借方期末余额合计数，再减去对应的“坏账准备”明细账户贷方期末余额后的数额填列。

（2）“预付款项”项目应根据“预付账款”账户所属各有关明细账户的借方期末余额和“应付账款”账户所属各有关明细账户借方期末余额合计数额填列。

（3）“应付款项”项目应根据“预付账款”账户所属各有关明细账户的贷方期末余额与“应付账款”所属各有关明细账户的贷方期末余额合计数额填列。

（4）“预收款项”项目应根据“应收账款”账户所属各明细账户的贷方期末余额、“预收账款”账户所属有关明细账户的贷方期末余额合计数额填列。

即性质不同的内容不能相互抵销，虽属于同一总分类账户，但是所属明细分类账户余额方向不同，应分资产与负债分别反映在报表中。

（5）企业“待摊费用”账户有期末余额的，应在“预付款项”或“其他应收款”项目中反映；企业“预提费用”账户有期末余额的，应在“预收款项”或“其他应付款”项目中反映。

二、利润表的编制方法

（一）表首部分的编制

写明企业的名称和计算利润的会计期间、货币单位。

（二）基本内容部分编制

利润表中“营业收入”项目，反映企业经营主要业务和其他业务所确认的收入总额；“营业成本”项目，反映企业经营主要业务和其他业务发生的实际成本总额；“税金及附加”项目，反映企业经营业务应负担的营业税、消费税、城市维护建设税、资源税、土地增值税和教育费附加等；“销售费用”项目，反映企业在销售商品过程中发生的包装费、广告费等费用，以及为销售本企业商品而专设的销售机构的职工薪酬、业务费等经营费用；“管理费用”项目，反映企业为组织和管理生产经营发生的管理费用；“财务费用”项目，反映企业筹集生产经营所需资金等而发生的筹资费用；“投资收益”项目，反映企业以各种方式对外投资所取得的收益；“营业外收入”“营业外支出”项目，反映企业发生的与其经营活动无直接关系的各项收入和支出，其中，处置非流动资产损失，应当单独列示；“所得税费用”项目，反映企业根据所得税准则确认的应从当期利润总额中扣除的所得税费用。

利润表中的“营业收入”项目根据“主营业务收入”与“其他业务收入”账户本期发生额净额合计填列。“营业成本”项目根据“主营业务成本”“其他业务成本”两个账户发生额合计填列。“税金及附加”“管理费用”“财务费用”“销售费用”“投资收益”“营业外收入”“营业外支出”“所得税费用”各项目，分别根据“税金及附加”“管理费用”“财务费用”“销售费用”“投资收益”“营业外收入”“营业外支出”“所得税费用”等损益类账户本期实际发生额填列。

“营业利润”“利润总额”“净利润”等项目应根据利润表中提示的计算公式，计算后列示。

（三）月份利润表“本月数”和“本年累计数”

“本月数”栏按本月发生额填列。“本年累计数”反映各项目自年初起至本月末止的累计实际发生数。以上月本表的“本年累计数”栏数字加上本月利润表的“本月数”栏的数字，即得出各项目的本月的“本年累计数”栏的数字。

（四）年度利润表编制

将“本月数”栏改为“上年数”栏，列示上年全年累计数。“本年累计数”栏列示本年自年初起至年终止，12 个月的累计实际发生额。“净利润”项目的数字应与“本年利润”结转到“利润分配——未分配利润”科目的数字相符合。

第五章 会计学原理手工模拟实验操作

第一节 模拟企业概况

一、企业概况

企业名称：广东穗升有限公司

企业类型：制造业

企业性质：民营企业

经营范围：制造电热水器、电暖器等家用电器。

纳税人登记号：0215196410306

开户银行：中国工商银行天河支行，账号：0221585778

地址：广州市天河区天河北路5113号

联系电话：020-51135113

法人代表：王大力

广东穗升有限公司注册资本500万元，其中，王大力占30%，正佳投资集团占70%。

广东穗升有限公司为增值税一般纳税人，增值税税率为13%。2020年获得高新技术企业认证，所得税税率为15%，城市维护建设税税率为7%，教育费附加征收率为3%；水费每吨1.7元，电费每度0.83元。

二、企业会计政策及会计核算方法

（一）会计核算基础

广东穗升有限公司以持续经营为基础，依据《企业会计准则》进行会计核算。

（二）会计期间

会计期间为公历1月1日至12月31日。

（三）其他会计政策和核算方法

1. 坏账准备计提

年末按照应收账款余额百分比法计提坏账准备。

2. 存货核算

（1）原材料。原材料按照实际成本进行核算，购买原材料的运杂费按原材料不含税买价标准分配；原材料盘存采用永续盘存制；发出原材料的计价，采用全月一次加权平均法。

$$\text{发出某原材料加权平均单位成本}=\frac{\text{该原材料期初结余成本}+\text{本期入库该原材料总成本}}{\text{该原材料期初结余数量}+\text{本期入库该原材料总数量}}$$

（2）在产品。产品成本核算采用品种法。制造费用分配按照电热水器和电暖气生产工人工资标准；月末集中计算完工产品实际成本。

期末在产品成本按定额成本计算，设2022年12月末所有产品全部完工入库，月末在产品成本为零。

（3）库存商品。库存商品按照实际成本核算，盘存采用永续盘存制。

库存商品明细账平时登记入库、发出商品的数量，随时在账面结出库存商品结余的数量；月末集中计算完工入库库存商品的成本和已售（发出）库存商品成本。

1）本期完工入库库存商品成本的计算：

$$\text{本期完工入库库存商品总成本}=\text{期初在产品成本}+\text{本期发生生产费用}-\text{期末在产品成本}$$

$$\text{完工入库库存商品的单位成本}=\frac{\text{本期完工入库库存商品总成本}}{\text{本期完工数量}}$$

2）已售（发出）库存商品成本的计算：

已售（发出）库存商品的单位成本采用全月一次加权平均法计算。

$$某商品全月一次加权平均单位成本=\frac{该库存商品期初结余金额+本期完工入库产品总成本}{该库存商品期初结余数量+本期完工入库产品总数量}$$

$$已售（发出）库存商品的成本=已售库存商品数量\times全月一次加权平均单位成本$$

3. 固定资产核算

固定资产采用直线法计提折旧，生产用固定资产年折旧率为5.4%，非生产用固定资产年折旧率为4.0%。

4. 费用核算

企业对于收益期超过一个月的支出，采用权责发生制进行核算，运用其他应收款、应计利息等科目进行跨期摊配核算。

上年支付的保险费43 200.00元、报刊费2 400.00元，在“其他应收款”账户下核算，分摊期为1年，已分摊11个月。

短期借款按照权责发生制分期计提借款利息，运用“应计利息”科目核算。

所得税费用的确认采用资产负债表债务法，并假设不存在纳税调整项目。

5. 利润分配

税后利润在弥补亏损后，按10%提取法定盈余公积，并按剩余利润的80%向投资者分配利润。

第二节　模拟企业经济业务

一、广东穗升有限公司2022年12月初总账及明细账账户资料

1. 账户期初余额

2022年12月1日广东穗升有限公司有关账户余额及各个账户使用的账页格式见表5-1。账页格式栏中“Z”代表设置为总账，“R”代表设置为日记账，“J”代表设置为借贷余三栏明细账，“D”代表设置为多栏式明细账，“S”代表设置为数量金额式明细账（或进销存账）。

表 5-1 账户及期初余额 单元：元

序号	科目代码	会计科目名称	账页格式		借或贷	期初余额
			总账	明细账		
1	1001	库存现金	Z	R	借	1 730.00
2	1002	银行存款	Z		借	559 600.50
	100201	工商银行		R	借	559 600.50
3	1101	交易性金融资产	Z		借	30 000.00
4	1122	应收账款	Z		借	173 000.00
	112201	轻工公司		J	借	83 000.00
	112202	东升电器		J	借	90 000.00
	112203	南方电器		J		
5	1221	其他应收款	Z		借	3 800.00
	122101	张英		J		
	122111	待摊保险费		J	借	3 600.00
	122112	待摊报刊费		J	借	200.00
6	1231	坏账准备	Z		贷	1 980.00
7	1401	在途物资	Z			
	140101	带钢		J		
	140102	晶体管		J		
	140103	导热线盘		J		
	140104	ABS 料		J		
	140105	其他		J		
8	1403	原材料	Z		借	130 678.00
	140301	带钢		S		
	140302	晶体管		S	借	48 000.00
	140303	导热线盘		S	借	75 000.00
	140304	ABS 料		S	借	7 678.00
		其他		S		
9	1405	库存商品	Z		借	620 800.00
	140501	电热水器		S	借	420 800.00
	140502	电暖器		S	借	200 000.00
10	1601	固定资产	Z		借	1 229 876.35
	160101	生产用固定资产		J	借	1 000 000.00
	160102	非生产用固定资产		J	借	229 876.35

（续）

序号	科目代码	会计科目名称	账页格式		借或贷	期初余额
			总账	明细账		
11	1602	累计折旧	Z		贷	196 200.00
	160201	生产用固定资产		J	贷	130 800.00
	160202	非生产用固定资产		J	贷	65 400.00
12	2001	短期借款	Z			
	200101	工商银行				
13	2202	应付账款	Z		贷	4 520.00
	220201	华丰电器厂		J	贷	4 520.00
	220202	新奇特公司		J		
	220203	电力公司		J		
		自来水公司		J		
14	2203	预收账款	Z	J		
15	2211	应付职工薪酬	Z		贷	87 663.32
	221101	职工工资		J	贷	74 607.08
	221102	职工福利		J	贷	10 444.99
	221103	工会经费		J	贷	1 492.14
	221104	职工教育经费		J	贷	1 119.11
16	2221	应交税费	Z		贷	16 082.40
	222101	应交增值税		J		
	222102	未交增值税		J	贷	14 620.36
	222103	应交所得税		J		
	222104	应交城市维护建设税		J	贷	1 023.43
	222105	应交教育费附加		J	贷	438.61
17	2231	应付利息	Z			
18	2232	应付股利	Z			
19	2241	其他应付款	Z			
20	4001	实收资本	Z		贷	1 500 000.00
	400101	王大力		J	贷	1 200 000.00
	400102	正佳投资集团		J	贷	300 000.00
21	4002	资本公积	Z		贷	52 760.80
22	4101	盈余公积	Z		贷	96 541.50
	410101	法定盈余公积		J	贷	96 541.50

（续）

序号	科目代码	会计科目名称	账页格式		借或贷	期初余额
			总账	明细账		
23	4103	本年利润	Z		贷	825 418. 55
24	4104	利润分配	Z		贷	183 000. 00
	410401	提取盈余公积		J		
	410402	应付股利		J		
	410403	未分配利润		J	贷	183 000. 00
25	5001	生产成本	Z		借	214 681. 72
	500101	电热水器 LD2215		D	借	128 809. 03
	500102	电暖器 LD3816		D	借	85 872. 69
26	5101	制造费用	Z	D		
	职工薪酬、折旧费、保险费、水电费					
27	6001	主营业务收入	Z			
	600101	电热水器 LD2215		J		
	600102	电暖器 LD3816		J		
28	6051	其他业务收入	Z			
29	6301	营业外收入	Z			
	630101	罚款收入		J		
30	6401	主营业务成本	Z			
	640101	电热水器 LD2215		J		
	640102	电暖器 LD3816		J		
31	6402	其他业务成本	Z			
32	6403	税金及附加	Z			
	640301	城市维护建设税		J		
	640302	教育费附加		J		
33	6601	销售费用	Z			
34	6602	管理费用	Z	D		
	研发费用、人员费、办公费、差旅费、招待费、折旧费、其他					
35	6603	财务费用	Z			
	660301	利息		J		
36	6701	信用减值损失	Z			
37	6711	营业外支出	Z			
38	6801	所得税费用	Z			

2. 原材料明细账

2022 年 12 月 1 日广东穗升有限公司原材料明细账情况见表 5-2。

表 5-2　月初原材料明细账结余

材料名称	类别	计量单位	数量	单价（元）	金额（元）
晶体管	电板元件	个	600	80.00	48 000.00
导热线盘	板材	片	1 500	50.00	75 000.00
带钢	板材	吨			
ABS 料	外壳	套	1 248	6.15	7 678.00
合计					130 678.00

3. 库存商品明细账

2022 年 12 月 1 日广东穗升有限公司库存商品明细账情况见表 5-3。

表 5-3　月初库存商品明细账结余

产品名称	数量（台）	总成本（元）	单位成本（元）
电热水器	700	420 800.00	601.14
电暖器	400	200 000.00	500.00
合计		620 800.00	

4. 生产成本明细账

2022 年 12 月 1 日广东穗升有限公司生产成本明细账情况见表 5-4。

表 5-4　月初生产成本明细账金额　　单位：元

成本项目	直接材料	直接人工	制造费用	合计
电热水器	70 000.00	36 000.00	22 809.03	128 809.03
电暖器	50 000.00	23 000.00	12 872.69	85 872.69

5. 产品产量资料

2022 年 12 月广东穗升有限公司产品产量情况见表 5-5。

表 5-5　12 月产品产量资料　　单位：台

产品产量	月初在产品产量	本月投产量	本月完工产量	月末在产品产量
电热水器	290	180	470	0
电暖器	260	290	550	0

6. 利润表资料

2022 年 11 月广东穗升有限公司利润表见表 5-6。

表 5-6　利润表　　单位：元

项　　目	本月金额	全年累计
一、营业收入	510 000.00	6 230 000.00
减：营业成本	192 000.00	2 590 000.35
税金及附加	6 000.00	400 000.00
销售费用	2 200.00	181 800.00
管理费用	180 000.00	2 020 000.00
其中：研发费用	50 000.00	690 000.00
财务费用		43 619.00
加：其他收益		
投资收益（损失“－”号列示）		
减：信用减值损失	2 000.00	23 500.00
资产减值损失		
二、营业利润	127 800.00	971 080.65
加：营业外收入		
减：营业外支出		
三、利润总额	127 800.00	
减：所得税费用	19 170.00	145 662.10
四、净利润	108 630.00	825 418.55

二、广东穗升有限公司 2022 年 12 月份发生业务

1. 业务 1：购入原材料

购入原材料相关凭证如图 5-1 ~ 图 5-3 所示。

4400173140　　**广　东　增　值　税　专　用　发　票**　　NO：01332956

校验码　13200 38451 21321 45212　　发票联　　开票日期：2022 年 12 月 3 日

（全国统一发票监制章　国家税务局监制）

购货单位	名称	广东穗升有限公司	密码区	4168642 + * − +548 + − <667/7 2 >978 −45430 >428 * *5 > > < 0 * / +4 <01 <2 − >713611332 −9424 +7 > >2 + * <08 −7 > >4/
	纳税人识别号	0215196410306		
	地址、电话	广州市天河区天河北路 5113 号 02051135113		
	开户银行及账号	中国工商银行天河支行 0221585778		

货物或应税劳务名称	规格型号	计量单位	数量	单价	金额	税率	税额
ABS 料	GDZJ20C	套	5 000	6. 8	34 000. 00	13%	4 420. 00
合计					¥34 000. 00		¥4 420. 00
价税合计（大写）	⊗叁万捌仟肆佰贰拾元整				（小写）¥38 420. 00		

销货单位	名称	华丰电器厂	备注	（华丰电器厂 440306731128999 发票专用章）
	纳税人识别号	440306731128999		
	地址、电话	深圳宝安沙井镇兴业园路 13 号 0755-33652865		
	开户银行及账号	中国工商银行宝安支行 062001006		

收款人：马丽琴　　复核：　　开票人：薛玲　　销货单位（章）：

第三联　发票联　购货方记账凭证

图 5-1　增值税专用发票发票联

4400173140　　**广　东　增　值　税　专　用　发　票**　　NO：01332956

校验码　13200 38451 21321 45212　　发票联　　开票日期：2022 年 12 月 3 日

（全国统一发票监制章　国家税务局监制）

购货单位	名称	广东穗升有限公司	密码区	4168642 + * − +548 + − <667/7 2 >978 −45430 >428 * *5 > > < 0 * / +4 <01 <2 − >713611332 −9424 +7 > >2 + * <08 −7 > >4/
	纳税人识别号	0215196410306		
	地址、电话	广州市天河区天河北路 5113 号 02051135113		
	开户银行及账号	中国工商银行天河支行 0221585778		

货物或应税劳务名称	规格型号	计量单位	数量	单价	金额	税率	税额
ABS 料	GDZJ20C	套	5 000	6. 8	34 000. 00	13%	4 420. 00
合计					¥34 000. 00		¥4 420. 00
价税合计（大写）	⊗叁万捌仟肆佰贰拾元整				（小写）¥38 420. 00		

销货单位	名称	华丰电器厂	备注	（华丰电器厂 440306731128999 发票专用章）
	纳税人识别号	440306731128999		
	地址、电话	深圳宝安沙井镇兴业园路 13 号 0755-33652865		
	开户银行及账号	中国工商银行宝安支行 062001006		

收款人：马丽琴　　复核：　　开票人：薛玲　　销货单位（章）：

第二联　抵扣联　购货方抵扣凭证

图 5-2　增值税专用发票抵扣联

中国工商银行信汇凭证（电子回单）①

委托日期 2022 年 12 月 3 日　　　　第 5066 号

汇款人	全称	广东穗升有限公司				收款人	全称	华丰电器厂													
	账号或地址	0221585778					账号或地址	062001006													
	汇出地点	广东省广州市（县）	汇出行名称	工行天河支行			汇入地点	广东省深圳市（县）	汇入行名称	工行宝安支行											
金额	人民币（大写）⊗叁万捌仟肆佰贰拾元整						千	百	十	万	千	百	十	元	角	分					
									¥	3	8	4	2	0	0	0					
汇款用途：支付 ABS 料款 上列款项已根据委托办理，如需查询，请持此联来面洽。 单位主管　会计　复核　记账							打印次数：1 汇出行盖章 2022 年 12 月 3 日														

中国工商银行天河支行 ★ 20221203 ★ 业务清讫

图 5-3　信汇凭证

2. 业务 2：收到投资款

收到投资款相关原始凭证如图 5-4 ~ 图 5-8 所示。

中国工商银行进账单（回单或收账通知）①

2022 年 12 月 5 日　　　　第 2822 号

付款人	全称	正佳投资集团	收款人	全称	广东穗升有限公司								
	账号	0378529030		账号	0221585778								
	开户银行	工商银行天河支行		开户银行	工商银行天河支行								
人民币（大写）	⊗叁佰贰拾万元整				千	百	十	万	千	百	十	元	角	分
					¥	3	2	0	0	0	0	0	0	0
票据种类													
票据张数													
单位主管　会计　复核			收款人开户行盖章										

中国工商银行天河支行 ★ 20221205 ★ 业务清讫

图 5-4　正佳投资集团入账进账单

中国工商银行转账支票　第 1888 号

出票日期（大写）贰零贰贰年壹拾贰月零伍日　　付款行名称：工商银行天河支行

收款人：广东穗升有限公司　　出票人账号：0378529030

人民币：⊗叁佰贰拾万元整（大写）	千	百	十	万	千	百	十	元	角	分
	¥	3	2	0	0	0	0	0	0	0

用途：投资款

上列款项请从

我账户内支付

出票人签章

正佳投资集团财务专用章

朱辉燃印

复核记账

（此证送银行）

图 5-5　转账支票

中国工商银行**进账单**（回单或收账通知）①

2022 年 12 月 5 日　　第 2842 号

付款人	全称	王大力	收款人	全称	广东穗升有限公司
	账号	91019641124		账号	0221585778
	开户银行	农行白云路支行		开户银行	工商银行天河支行

人民币（大写）	⊗叁拾万元整	千	百	十	万	千	百	十	元	角	分
			¥	3	0	0	0	0	0	0	0
票据种类											
票据张数											

中国工商银行天河支行

20221205

业务清讫

单位主管　　会计　　复核　　收款人开户行盖章

图 5-6　王大力入账进账单

华粤会计师事务所有限公司

〔2022〕验字第002号

华粤会计师事务所
验资专用章

验 资 报 告

广东穗升有限公司全体股东：

我们接受委托，审验了贵公司截至2022年12月5日止申请变更登记的注册资本的实收情况。按照国家相关法律、法规的规定和有关决议、章程的要求出资，提供真实、合法、完整的验资资料，保证资产的安全、完整是全体股东及贵公司的责任。我们的责任是对贵公司注册资本的实收情况发表审验意见。我们的审验是依据《中国注册会计师审计准则第1602号——验资》进行的。在审验过程中，我们结合贵公司的实际情况，实施了检查等必要的审验程序。根据有关部门协议、章程规定，贵公司申请变更的注册资本为人民币500万元，由王大力、正佳投资集团于2022年12月5日之前缴足。经我们审验，截至2022年12月5日止，贵公司已收到全体股东交纳的注册资本，合计人民币伍佰万元整（￥5 000 000.00），全部以货币出资。

本验资报告仅供贵公司申请变更登记及据以向全体股东签发出资证明时使用，不应将其视为是对贵公司验资报告日后资本保全、偿债能力和持续经营能力等的保证。因使用不当造成的后果，与执行本验资业务的注册会计师及会计师事务所无关。

附：注册资本实收情况明细表

华粤会计师事务所有限公司　　　　主任会计师：中国注册会计师 张达明

华粤会计师事务所 ★ 中国 广州　　　　中国注册会计师：中国注册会计师 王强军

二〇二二年十二月五日

图5-7　验资报告

注册资本收缴情况明细表

截至2022年12月5日

公司名称：广东穗升有限公司　　　　单位：万元

股东名称	申请的注册资本		实际出资情况						
	金额	比例（%）	货币	实物	净资产	其他	合计	其中：实缴资本	
								金额	比例（%）
王大力	150.00	30	150.00				150.00	150.00	30
正佳投资集团	350.00	70	350.00				350.00	350.00	70
合计	500.00	100	500.00				500.00	500.00	100

华粤会计师事务所有限公司　　　　中国注册会计师：王强军

图5-8　注册资本收缴情况明细表

3. 业务 3：材料验收入库

材料验收入库相关原始凭证如图 5-9 所示。

广东穗升有限公司材料入库单

日期：2022-12-05

供应商：华丰电器厂　　　　单号：2022-12-05-0001

品名规格	单位	买价			采购费用（元）	实际入库		
		数量	单价（元）	金额（元）		数量	金额（元）	单位成本
ABS 料	套	5 000	6. 80	34 000. 00	—	5 000	34 000. 00	6. 80
合计		5 000		34 000. 00	—	5 000	34 000. 00	

审核：　　采购员：叶建　　保管员：李大庆　　记账：

图 5-9　材料入库单

4. 业务 4：提取现金备用

提取现金备用相关原始凭证如图 5-10 所示。

中国工商银行
现金支票存根（粤）
Ⅶ Ⅱ 01018889
科目
对方科目
出票日期 2022 年 12 月 6 日

收款人：广东穗升有限公司
金额：￥3 000. 00
用途：备用金

单位主管　　会计

中国工商银行现金支票 Ⅶ Ⅱ 01018889

出票日期（大写）贰零贰贰年壹拾贰月零陆日　付款行名称：工行天河支行
收款人：广东穗升有限公司　出票人账号：0221585778

人民币（大写）⊗叁仟元整	千	百	十	万	千	百	十	元	角	分
				￥	3	0	0	0	0	0

用途 备用金
上列款项请从
我账户内支付

广东穗升有限公司财务专用章　　高林华印

出票人签章　　复核　　记账

图 5-10　现金支票

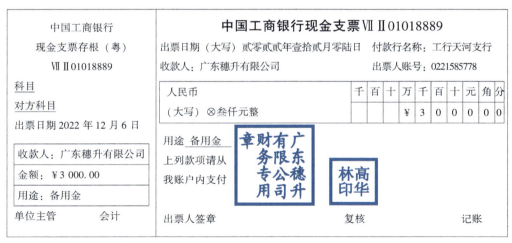

注：现金支票由企业会计填制，右边交给银行提取现金，左边企业留存作为原始凭证。

5. 业务 5：银行代扣上月增值税

银行代扣上月增值税相关原始凭证如图 5-11、图 5-12 所示。

中国工商银行　　广东省分行营业部　　广州市电子缴税回单

INDUSTRIAL AND COMMERCIAL BANK OF CHINA　GUANGZHOU　NO. 0609011012140307

付款人	全　称	广东穗升有限公司	收款人	全　称	国家税务总局广州市天河区税务局
	账　号	0221585778		账　号	08459778535001
	开户银行	工商银行天河支行		开户银行	中国人民银行天河支行

金额	千	百	十	万	千	百	十	元	角	分
人民币（大写）⊗壹万肆仟陆佰贰拾零元叁角陆分			¥	1	4	6	2	0	3	6

内容	扣缴国税款	电子税票号	0182008000015859	纳税人编码	0215196410306	纳税人名称	广东穗升有限公司

税种	所属期	纳税金额	备注	税种	所属期	纳税金额	备注
增值税	221101-221130	14 620. 36					

中国工商银行天河支行　20221206　业务清讫

日期：2022 年 12 月 6 日　　清算日期：2022 年 12 月 6 日

服务热线电话：95588　　打印日期：2022 年 12 月 6 日

图 5-11　增值税电子缴税回单

中　华　人　民　共　和　国

税收电子转账专用完税证

国

（2022）粤国　0000000200150

填发日期：2022 年 12 月 6 日　　电子交易流水号：01164280

纳税人代码：0215196410306	税务机关：国家税务总局广州市天河区税务局
纳税人全称：广东穗升有限公司	收款银行：中国人民银行天河支行
纳税人缴款账号：0221585778	国　　库：广州金库 08459778535001

税种（品目名称）	预算科目、预算级次	税收所属时期	实缴金额
增值税	中央 75%，市区 25%	2022 年 11 月 1 日至 2022 年 11 月 30 日	14 620. 36
金额合计	（大写）⊗壹万肆仟陆佰贰拾零元叁角陆分		¥14 620. 36

税务机关	收款银行	经手人	备注	正常税款 （2022）粤国 0000000200150 税收转账专用完税证（电脑平推） POS 机缴款

中国人民银行天河支行　业务章

国家税务总局广州市税务局　电子　业务专用章

此凭证不得用于收取现金税款，仅作纳税人电子转账完税凭证（电脑打印　手工填写无效）

图 5-12　增值税完税凭证

6. 业务 6：银行代扣上月城市维护建设税和教育费附加

银行代扣上月城市维护建设税和教育费附加相关原始凭证如图 5-13、图 5-14 所示。

中国工商银行 **广东省分行营业部** 广州市电子缴税回单

INDUSTRIAL AND COMMERCIAL BANK OF CHINA GUANGZHOU NO. 0054635012140963

日期：2022 年 12 月 6 日 清算日期：2022 年 12 月 6 日

付款人	全称	广东穗升有限公司	收款人	全称	广州市税务局天河区分局
	账号	0221585778		账号	02179778535008
	开户银行	工商银行天河支行		开户银行	中国人民银行天河支行

金额	千	百	十	万	千	百	十	元	角	分
人民币（大写）⊗壹仟肆佰陆拾贰元零角肆分				¥	1	4	6	2	0	4

内容	扣缴地税款	电子税票号	320060913069689	纳税人编码	0215196410306	纳税人名称	广东穗升有限公司

税种	所属期	纳税金额	备注	税种	所属期	纳税金额	备注
城市维护建设税（市区）	221101-221130	1 023. 43	地税				
教育费附加（城镇）	221101-221130	438. 61	地税				

中国工商银行天河支行 20221206 汇出清讫

网站：www. icbc. om. cn 打印日期：2022 年 12 月 6 日

服务热线电话：95588

图 5-13 城市维护建设税和教育费附加电子缴税回单

中 华 人 民 共 和 国

税收电子转账专用完税证

隶属关系：其他 填发日期：2022 年 12 月 6 日（2022－1）粤地 02600438431 号

所属类型：私营有限责任公司 征收机关：广州市税务局天河区分局

纳税单位（人）	纳税代码	0215196410306	开户银行	工商银行天河支行
	全称	广东穗升有限公司	账号	0221585778
	地址	广州市天河区天河北路 5113 号	收款银行	中国人民银行天河支行
所属时期		2022 年 11 月 1 日至 2022 年 11 月 30 日	收款账号	02179778535008

品目名称		预算科目 编码	预算科目 级次	计税金额或课税数量	税率或单位税额	扣除额	实缴金额
城建税	城建税（市区）			14 620. 36	7%		¥1 023. 43
教育费附加	城镇			14 620. 36	3%		¥438. 61
金额合计		（大写）⊗壹仟肆佰陆拾贰元零角肆分					¥1 462. 04
填票人		广州市地方税务局天河区税务分局		收款银行	备注	正常税款（2022-1）粤地-026-00438431 税收转账专用完税证（电脑平推）POS 机缴款	

广州市税务局天河区分局

中国人民银行天河支行业务章

逾期不缴按税法规定加收滞纳金

图 5-14 城市维护建设税和教育费附加完税凭证

7. 业务 7：预借差旅费

预借差旅费相关原始凭证如图 5-15 所示。

广东穗升有限公司
现金借款单

2022 年 12 月 6 日　　　　NO. 3201810

借款人：张英	
借款用途：出差备用	
借款数额：人民币（大写）⊗贰仟元整	¥2 000.00
单位负责人所属部门：　经理办	借款人（签章）张英　2022 年 12 月 06 日
单位负责人批示：　同意借款	签字：王大力　2022 年 12 月 06 日
会计或出纳员签章：　高华林	

现金付讫

图 5-15　现金借款单

8. 业务 8：外购材料入库款未付

外购材料入库相关原始凭证如图 5-16～图 5-21 所示。

4400173140　　**广东增值税专用发票**　　NO：01754191

发票联　　开票日期：2022 年 12 月 7 日

购货单位		密码区
名称	广东穗升有限公司	>/72422503/95671/53
纳税人识别号	0215196410306	48/4/453/5<>8/410/22
地址、电话	广州市天河区天河北路 5113 号 02051135113	122*2*4<29446>0163
开户银行及账号	中国工商银行天河支行 0221585778	491360//145<3>>2+* <08-7>>2-

货物或应税劳务名称	规格型号	计量单位	数量	单价	金额	税率	税额
带钢	YL501	吨	30	5 000	150 000.00	13%	19 500.00
晶体管	BZV55C	个	700	82	57 400.00	13%	7 462.00
合　计					¥207 400.00		¥26 962.00
价税合计（大写）	⊗贰拾叁万肆仟叁佰陆拾贰元整					（小写）	¥234 362.00

销售单位		备注
名称	佛山市顺德区朱氏有限公司	佛山市顺德区朱氏有限公司 440681708079765 发票专用章
纳税人识别号	440681708079765	
地址、电话	顺德区乐从镇沿江路 28869178	
开户银行及账号	中国工商银行乐从支行 049-568972	

第三联：发票联　购货方记账凭证

收款人：蔡丽琳　复核：王楠　开票人：刘梅　销货单位（章）：

图 5-16　增值税专用发票发票联

4400173140　　　　**广东增值税专用发票**　　　　NO：01754191

发　票　联　　　　开票日期：2022 年 12 月 7 日

购货单位	名称	广东穗升有限公司				密码区	>/72422503/95671/53 48/4/453/5 < >8/410/22 122 * 2 * 4 <29446 >0163 491360//145 <3 > >2 + * <08 -7 > >2 -	
	纳税人识别号	0215196410306						
	地址、电话	广州市天河区天河北路 5113 号 02051135113						
	开户银行及账号	中国工商银行天河支行 0221585778						
货物或应税劳务名称	规格型号	计量单位	数量	单价	金　额	税率	税　额	
带钢	YL501	吨	30	5 000	150 000. 00	13%	19 500. 00	
晶体管	BZV55C	个	700	82	57 400. 00	13%	7 462. 00	
合　　计					¥207 400. 00		¥26 962. 00	
价税合计（大写）	⊗贰拾叁万肆仟叁佰陆拾贰元整						（小写）¥234 362. 00	
销售单位	名称	佛山市顺德区朱氏有限公司				备注		
	纳税人识别号	440681708079765						
	地址、电话	顺德区乐从镇沿江路 28869178						
	开户银行及账号	中国工商银行乐从支行 049-568972						

第二联：抵扣联　购买方扣税凭证

收款人：蔡丽琳　　复核：王楠　　开票人：刘梅　　销货单位（章）：

图 5-17　增值税专用发票抵扣联

4400173140　　　　**货物运输业增值税专用发票**　　　　NO：000435522

开票日期：2022 年 12 月 7 日

承运人及纳税人识别号	广发货物运输有限公司 440681756243005	密码区	4168642 + * - +548 + - <667/74536 +342 -23 *6675/ 363778 >6734 <2 >978 -45430 >428 ** 5 >> <0 */ +4 <01 <2 - >713611332 -9424 +7 >>2 + * <08 -7 >> 4/ -36777 >>743434234 * <434674 + *1263435				
实际受票方及纳税人识别号	广东穗升有限公司 0215196410306						
收货人及纳税人识别号	广东穗升有限公司 0215196410306	发货人及纳税人识别号	朱氏有限公司 440681708079765				
起运地、经由、到达地	起运地：乐从　到达地：广州科技城						
费用项目及金额	费用项目 带钢晶体管运费	金额 1 200	运输货物信息				
合计金额	¥1 308. 00	税率	9%	税额	¥108. 00	机器编号	000000406146
价税合计（大写）	⊗壹仟叁佰零捌元整						（小写）¥1 308. 00
车种车号		车船吨位		备注	乐从至广州科技城 （手写无效）		
主管税务机关及代码	佛山税务局乐从税务分局 4406817						

第三联：发票联　购买方记账凭证

收款人：马丽琴　　复核人：　　开票人：薛玲　　承运人：

图 5-18　货物运输业增值税专用发票发票联

4400173140　　**货物运输业增值税专用发票**　　NO：000435522

开票日期：2022 年 12 月 7 日

承运人及纳税人识别号	广发货物运输有限公司 440681756243005	密码区	4168642 + * − +548 + − <667/74536 +342 −23 *6675/ 363778 >6734 <2 >978 −45430 >428 * *5 >><0 */ + 4 <01 <2 − >713611332 −9424 +7 >>2 + * <08 −7 >>4/ − 36777 >> 743434234 * <434674 + *1263435				
实际受票方及纳税人识别号	广东穗升有限公司 0215196410306						
收货人及纳税人识别号	广东穗升有限公司 0215196410306	发货人及纳税人识别号	朱氏有限公司 440681708079765				
起运地、经由、到达地	起运地：乐从　到达地：广州科技城						
费用项目及金额	费用项目 带钢晶体管运费	金额 1 200	运输货物信息				
合计金额	¥1 308. 00	税率	9%	税额	¥108. 00	机器编号	000000406146
价税合计（大写）	⊗壹仟叁佰零捌元整				（小写）¥1 308. 00		
车种车号		车船吨位		备注	乐从至广州科技城（手写无效）		
主管税务机关及代码	佛山税务局乐从税务分局 4406817						

收款人：马丽琴　　复核人：　　开票人：薛玲　　承运人：

第二联：抵扣联　购买方扣税凭证

图 5-19　货物运输业增值税专用发票抵扣联

运费分配单

材料名称	购进金额（元）	分配率	分配金额（元）
带钢	150 000. 00		
晶体管	57 400. 00		
合计	207 400. 00		1 200. 00
备注：			

制表：　　审核：

图 5-20　运费分配单

广东穗升有限公司材料入库单

日期：2022-12-07　　供应商：朱氏有限公司　　单号：CG2022-12-07-0001

品名规格	单位	买价			采购费用（元）	实际入库		
		数量	单价（元）	金额（元）		数量	金额（元）	单位成本（元）
带钢	吨	30	5 000. 00	150 000. 00		30		
晶体管	个	700	82. 00	57 400. 00		700		
合计				207 400. 00				

审核：　　采购员：叶建　　保管员：陈大庆　　记账：

图 5-21　材料入库单

9. 业务 9：发放工资

发放工资相关原始凭证如图 5-22、图 5-23 所示。

工资结算单

所属期间：2022 年 11 月份　　　　发放日期：2022 年 12 月 8 日　　　　单位：元

序号	姓名	部门	基本工资	责任津贴	岗位津贴	其他补贴	缺勤应扣	应发工资	代扣款项		代扣个人所得税	实发工资
									养老保险	失业保险		
01	刘倩	厂部	1 450.00	380.00	400.00	159.00	30.00	2 359.00	180.00	22.50	32.50	2 124.00
02	张英	厂部	1 350.00	350.00	400.00	148.00	—	2 248.00	173.00	21.72	28.60	2 024.68
⋮	⋮	⋮	⋮	⋮	⋮	⋮	⋮	⋮	⋮	⋮		⋮
60	张华	车间	520.00	220.00	310.00	130.00	—	1 180.00	98.80	12.50	—	1 068.70
⋮	⋮	⋮	⋮	⋮	⋮	⋮	⋮	⋮	⋮	⋮		⋮
合计			55 091.00	16 965.00	20 446.00	9 155.00	457.00	101 200.00	6 640.00	830.00	641.00	93 089.00

会计主管：朱强　　　　出纳：高华林　　　　制单：薛军

图 5-22　工资结算单

中国工商银行转账支票存根

支票号码　NO：3789546721

科目__________

对方科目__________

签发日期　2022 年 12 月 8 日

金额：¥93 089.00
用途：发工资
备注：

单位主管：　　　会计：

复　核：　　　记账：

图 5-23　支票存根

10. 业务 10：取得银行短期贷款

取得银行短期贷款相关原始凭证如图 5-24 所示。

中国工商银行特种转账贷方传票

2022 年 12 月 9 日　（32）粤工字　NO：0050267

付款人	全称	中国工商银行天河支行	收款人	全称	广东穗升有限公司
	账号	02000130		账号	0221585778
	开户银行	贷款户		开户银行	工商银行天河支行
金额	人民币（大写）⊗叁拾万元整				千 百 十 万 千 百 十 元 角 分：¥ 3 0 0 0 0 0 0 0
原凭证金额		赔偿金			科目（贷）______
原凭证名称	合同	号码	00668		对方科目（借）______
转账原因	发放贷款		利率：9%		会计　复核　记账　制票
时间期限	2022 年 12 月 9 日至 2023 年 6 月 9 日				银行盖章

中国工商银行天河支行 2022.12.09 业务清讫

图 5-24　特种转账贷方传票

11. 业务 11：购买办公用品

购买办公用品相关原始凭证如图 5-25、图 5-26 所示。

广东增值税电子普通发票

发票代码：044001800111

发票号码：61853938

开票日期：2022 年 12 月 9 日

机器校验码：761608805380　　　　校 验 码：54766 51540 07961 93123

<table>
<tr><td rowspan="4">购货单位</td><td>名称</td><td>广东穗升有限公司</td><td rowspan="4">密码区</td><td rowspan="4">8168642 +*−+548 + −<667/7
2 >978 −45430 >428 **5 >><
0*/+4 <01 <2 −>713611332 −
9424 +7 >>2 +*<08 −7 >>4/</td></tr>
<tr><td>纳税人识别号</td><td>0215196410306</td></tr>
<tr><td>地址、电话</td><td>广州市天河区天河北路 5113 号 02051135113</td></tr>
<tr><td>开户银行及账号</td><td>中国工商银行天河支行 0221585778</td></tr>
</table>

货物或应税劳务名称	规格型号	计量单位	数量	单价	金　额	税率	税　额
办公用品		套	110	5.83	641.51	6%	38.49
合计					641.51	6%	38.49

<table>
<tr><td>价 税 合 计（大写）</td><td colspan="3">⊗陆佰捌拾零元零角零分</td><td>（小写）￥680.00</td></tr>
<tr><td rowspan="4">销售单位</td><td>名称</td><td>华润万家有限公司</td><td rowspan="4">备注</td><td rowspan="4"></td></tr>
<tr><td>纳税人识别号</td><td>440306731128909</td></tr>
<tr><td>地址、电话</td><td>佛山市解放路 5-113 号 0757-33652865</td></tr>
<tr><td>开户银行及账号</td><td>中国工商银行顺德区支行 06200100611</td></tr>
</table>

收款人：张富有　　复核：薛玲　　开票人：郭新　　销货单位（章）（略）：

图 5-25　增值税电子普通发票

广东穗升有限公司费用报销单

2022 年 12 月 9 日

<table>
<tr><td colspan="2">发生日期</td><td rowspan="2">报销内容</td><td rowspan="2">单据张数</td><td colspan="9">金　额</td><td rowspan="2">备注</td></tr>
<tr><td>月</td><td>日</td><td>百</td><td>十</td><td>万</td><td>千</td><td>百</td><td>十</td><td>元</td><td>角</td><td>分</td></tr>
<tr><td>12</td><td>9</td><td>办公费</td><td>1</td><td></td><td></td><td></td><td></td><td>6</td><td>8</td><td>0</td><td>0</td><td>0</td><td></td></tr>
<tr><td></td><td></td><td></td><td></td><td></td><td></td><td></td><td></td><td></td><td></td><td></td><td></td><td></td><td></td></tr>
<tr><td></td><td></td><td></td><td></td><td></td><td></td><td></td><td></td><td></td><td></td><td></td><td></td><td></td><td></td></tr>
<tr><td></td><td></td><td></td><td></td><td></td><td></td><td></td><td></td><td></td><td></td><td></td><td></td><td></td><td></td></tr>
<tr><td colspan="4">合计人民币（大写）⊗陆佰捌拾元整</td><td></td><td></td><td></td><td>￥</td><td>6</td><td>8</td><td>0</td><td>0</td><td>0</td><td></td></tr>
<tr><td colspan="2">主管意见</td><td colspan="2">同意　刘倩 2022-12-9</td><td colspan="10">报销人签章：陆华辉　证明人：黄江婷</td></tr>
<tr><td colspan="4">已借现金：</td><td colspan="10">退回现金：</td></tr>
</table>

复核：蒋一飞　　　　记账：　　　　出纳：高华林

图 5-26　费用报销单

12. 业务 12：销售产品

销售产品相关原始凭证如图 5-27 ~ 图 5-29 所示。

中国工商银行**进账单**（回单或收账通知）①

2022 年 12 月 9 日　　　　第 28220200 号

付款人	全　称	天翼有限公司	收款人	全　称	广东穗升有限公司
	账　号	33000265335		账　号	0221585778
	开户银行	中国银行南海分行		开户银行	工商银行天河支行

人民币（大写）	⊗壹佰壹拾叁万零仟零佰零元整	千	百	十	万	千	百	十	元	角	分
		¥	1	1	3	0	0	0	0	0	0
票据种类											
票据张数											
单位主管　　会计　　复核		收款人开户行盖章									

中国工商银行天河支行 20221209 业务清讫

图 5-27　进账单回单

销售产品发货单　　运输方式：自提

购货单位：天翼有限公司　　2022 年 12 月 6 日　　编号：061204

产品名称	规格型号	计量单位	数量	单位成本	金额	备注
电热水器	LD2215	台	400			

销售负责人：李福林　　发货人：黄炜　　提货人：　　制单：李锐

图 5-28　产品发货单

注：依据此联登记库存商品明细账。

4400173140　　**广东增值税专用发票**　　NO：06215068

此联不做报销、扣税凭证用

校验码：54766 51540 07961 93123　　记　账　联　　开票日期：2022 年 12 月 9 日

购货单位	名称	天翼有限公司				密码区	> */* 587944 + -44//*
	纳税人识别号	44012528645311					41064+6300354</38745<4
	地址、电话	广东南海新世纪工业园 25 号 86497522					+/855211<<56+-844865
	开户银行及账号	中国银行南海分行 33000265335					323566-87*-237>*/56

货物或应税劳务名称	规格型号	计量单位	数量	单价	金额	税率	税额
电热水器	LD2215	台	400	2 500.00	1 000 000.00	13%	130 000.00
合　计					¥1 000 000.00		¥130 000.00
价税合计（大写）	⊗壹佰壹拾叁万零仟零佰零元整				（小写）¥1130 000.00		

销货单位	名称	广东穗升有限公司	备注
	纳税人识别号	0215196410306	
	地址、电话	广州市天河区天河北路 5113 号 02051135113	
	开户银行及账号	中国工商银行天河支行 0221585778	

第一联：记账联　销货方记账凭证

收款人：　　复核：李福林　　开票人：李锐　　销货单位（章）：

广东穗升有限公司 0215196410306 发票专用章

图 5-29　增值税专用发票记账联

13. 业务 13：完工产品入库

完工产品入库相关原始凭证如图 5-30 所示。

产成品入库单

2022 年 12 月 10 日　　编号：RK2022-12-10-0001

产品名称	计量单位	入库数量	本月累计
电热水器	台	170	170
电暖器	台	150	150
备注	第一批完工产品验收入库		

第二联 记账联

记账：　　经手人：徐建达　　保管人：

图 5-30　产成品入库单

注：此处仅登记库存商品明细账，月末集中结转完工产品成本。

14. 业务 14：报销差旅费

报销差旅费相关原始凭证如图 5-31 ~ 图 5-33 所示。

广东穗升有限公司差旅费报销单

部门：厂部　　姓名：张英　　2022 年 12 月 11 日

起止日期	起止地点	车费	飞机费	途中补助	住宿费	住勤补助	杂费	合计	单据
12 月 2 日	海珠	150.00			540.00	100.00	60.00	850.00	7
12 月 10 日	深圳	300.00						300.00	1
合计		450.00			540.00	100.00	60.00	1 150.00	8
合计报销金额	（大写）⊗壹仟壹佰伍拾元整				审　核		（小写）￥ 1 150.00		
主管意见	同意　　刘倩　2022-12-11					报销人签章：张英　证明人：黄志权			
备　注	已借现金（小写）		￥ 2 000.00			退回现金（小写）		￥850.00	

复核：　　记账：　　出纳：高华林

图 5-31　差旅费报销单

注：车费票据省略。

收 款 收 据　　NO：4015213

2022 年 12 月 11 日

缴款单位（或缴款人）	张英　　现金收讫								
款项内容									
人民币（大写）	⊗拾 万 仟 佰 拾 元 角 分	十	万	千	百	十	元	角	分

第三联 记账联

收款单位：广东穗升有限公司　　会计：　　出纳：

图 5-32　收款收据

044000175140　　　　　　　　广东增值税普通发票　　　　　　　　NO：08126151

校验码：00862 52413 38262 91817　　　　发　票　联　　　　开票日期：2022 年 12 月 10 日

购货单位	名称	广东穗升有限公司				密码区	12003 * / * 59 * </356 +6870/ * 78 >0// − +5 * 02 + −145610 <1 * −/4573 < + −2 <3500427 > 66 −87 * −237 > * /54	
	纳税人识别号	0215196410306						
	地址、电话							
	开户银行及账号							
货物或应税劳务名称	规格型号	计量单位	数量	单价	金　额	税率	税　额	
住宿服务		天	2	241.71	509.43	6%	30.57	
合计					¥509.43		¥30.57	
价税合计（大写）	⊗零仟伍佰肆拾元零角零分					（小写）¥540.00		
销货单位	名称	珠海锦江之星拱门店				备注		
	纳税人识别号	914354419876342						
	地址、电话	珠海市拱门迎宾路 1 号 78262280						
	开户银行及账号	建设拱门支行 55511897321666						

第三联：发票联　购货方记账凭证

收款人：华章　　复核：刘宏伟　　开票人：王雅　　销货单位（章）：

（印章：全国统一发票监制章 广东 国家税务局监制；锦江之星有限公司珠海分公司 914354419876342 发票专用章）

图 5-33　住宿费发票

15. 业务 15：收到销货款

收到销货款相关原始凭证如图 5-34 所示。

中国工商银行

支付系统 专用凭证　　　　　　NO　000078628760

报文种类：CMT100　交易种类：HVPS　货计　业务种类：11　支付交易序号：0127031
发起行行号：313303000072　　汇款人开户行行号：　　委托日期：
汇款人账号：11011345670
汇款人名称：轻工公司
汇款人地址：从化市旗杆镇山田北路 58 号
接受行行号：370　　收款人开户行行号：中国工商银行天河支行　收报日期：2022-12-11
收款人账号：0221585778　　（盖章）
收款人名称：广东穗升有限公司
收款人地址：广州市天河区天河北路 5113 号
货币名称、金额（大写）⊗柒万叁仟元整
货币名称、金额（小写）¥73 000.00
附言：货款
报文状态：已入账
流水号：515934　　打印时间：2022-12-11
第 01 次打印！

（印章：中国工商银行天河支行 20221211 业务清讫）

第二联　作为客户通知单　　会计：　　复核：　　记账：

图 5-34　电子回单

16. 业务 16：发货销售未收款

发货销售相关原始凭证如图 5-35～图 5-39 所示。

4400173140　　**广东增值税专用发票**　　NO：03955068

此联不做报销、扣税凭证用

校验码：54766 51540 07961 93124　　记 账 联　　开票日期：2022 年 12 月 13 日

购货单位	名称	广东省东升电器			密码区	893 */* 5879 * </3 +	
	纳税人识别号	440104190376331				6210/*00 >0//45 *02 +	
	地址、电话	广州市米市路 58 号 83334115				-117610 <186053 < + -2	
	开户银行及账号	中国银行广州分行 850000211308093001				<35 >66 -87 * -237 > */56/5689 >45	
货物或应税劳务名称	规格型号	计量单位	数量	单价	金额	税率	税额
电暖器 LD3816		台	500	1 200.00	600 000.00	13%	78 000.00
合计					¥600 000.00		¥78 000.00
价税合计（大写）	⊗陆拾柒万捌仟零佰零拾零元零角零分				（小写）¥678000.00		
销货单位	名称	广东穗升有限公司			备注		
	纳税人识别号	0215196410306					
	地址、电话	广州市天河区天河北路 5113 号 02051135113					
	开户银行及账号	中国工商银行天河支行 0221585778					

收款人：李想　　复核：　　开票人：李勇　　销货单位（章）：

第一联：记账联 销货方记账凭证

图 5-35　增值税专用发票记账联

货物运输业增值税专用发票　　NO：000435537

4400173140　　开票日期：2022 年 12 月 13 日　　校验码：54766 51311 07961 93124

承运人及纳税人识别号	新华货运公司 440946284243005		密码区	3778 >6734 <2 >978642 + * - +548 + - <667/74536 +				
				342 -23 *6675 -454168/36430 >428 * *5 >> <0 */ +4				
实际受票方及纳税人识别号	广东穗升有限公司 0215196410306			<01 <2 -43434234 * <4342 -9424 +7 >>>713611332				
				+ * <08 -7 >>4/ -36777 >>7674 + *1263435				
收货人及纳税人识别号	东升电器 440104190376331		发货人及纳税人识别号	广东穗升有限公司 0215196410306				
起运地、经由、到达地	起运地：海珠　到达地：米市							
费用项目及金额	费用项目	金额	运输货物信息					
	电暖器运费	600.00						
合计金额	¥600.00	税率	9%	税额	¥54.00	机器编号	000000106005	
价税合计（大写）	⊗陆佰伍拾肆元整					（小写）¥654.00		
车种车号		车船吨位		备注	海珠至广州米市			
主管税务机关及代码	广州税务局米市税务分局 4405689				（手写无效）			

收款人：马丽琴　　复核人：　　开票人：王莉　　承运人：

第三联：发票联 购买方记账凭证

图 5-36　运输发票

货物运输业增值税专用发票

NO：000435537

4400173140　　开票日期：2022 年 12 月 13 日　校验码：54766 51311 07961 93124

<table>
<tr><td>承运人及
纳税人识别号</td><td>新华货运公司
440946284243005</td><td rowspan="2">密
码
区</td><td colspan="5" rowspan="2">3778 >6734 <2 >978642 + * - +548 + - <667/74536 +
342 -23 *6675 -454168/36430 >428 * *5 >> <0 */ +4
<01 <2 -43434234 * <4342 -9424 +7 >>>713611332
+ * <08 -7 >>4/ -36777 >>7674 + *1263435</td></tr>
<tr><td>实际受票方及
纳税人识别号</td><td>广东穗升有限公司
0215196410306</td></tr>
<tr><td>收货人及
纳税人识别号</td><td>东升电器
440104190376331</td><td colspan="2">发货人及
纳税人识别号</td><td colspan="4">广东穗升有限公司
0215196410306</td></tr>
<tr><td colspan="2">起运地、经由、到达地</td><td colspan="6">起运地：海珠　到达地：米市</td></tr>
<tr><td>费用项目
及金额</td><td colspan="3">费用项目　　金额
电暖器运费　　600.00</td><td>运输货
物信息</td><td colspan="3"></td></tr>
<tr><td>合计金额</td><td>¥600.00</td><td>税率</td><td>9%</td><td>税额</td><td>¥54.00</td><td>机器编号</td><td>000000106005</td></tr>
<tr><td>价税合计（大写）</td><td colspan="5">⊗陆佰伍拾肆元整</td><td colspan="2">（小写）¥654.00</td></tr>
<tr><td>车种车号</td><td></td><td>车船吨位</td><td></td><td rowspan="2">备
注</td><td colspan="3" rowspan="2">海珠至广州米市
（手写无效）
新华货运公司
440946284243005
发票专用章</td></tr>
<tr><td>主管税务机关
及代码</td><td colspan="3">广州税务局米市税务分局
4405689</td></tr>
</table>

第二联：抵扣联　购买方扣税凭证

收款人：马丽琴　　复核人：　　开票人：王莉　　承运人：

图 5-37　运输发票抵扣联

销售产品发货单

运输方式：送货

购货单位：东升电器　　2022 年 12 月 13 日　　编号：061205

产品名称	规格型号	计量单位	数量	单位成本	金额	备注
电暖器	LD3816	台	500			

销售负责人：李春林　　发货人：黄山　　提货人：　　制单：

图 5-38　销售产品发货单

注：依据此联登记库存商品明细账，月末集中结转已售商品成本。

广东穗升有限公司费用报销单

部门：销售　　　　　　　　2022 年 12 月 13 日

发生日期		报销内容	单据张数	金额									备注
月	日			百	十	万	千	百	十	元	角	分	
12	13	销售货物运输费	1					6	5	4	0	0	
		现金付讫											
合计人民币（大写）⊗陆佰伍拾肆元整							¥	6	5	4	0	0	
主管意见	同意　刘倩 2018-12-13			报销人签章：李勇　　证明人：吴炳									
已借现金：				退回现金：									

复核：蒋一飞　　　　　　　　记账：　　　　　　　　出纳：高华林

图 5-39　运输发票报销单

17. 业务 17：购入计算机

购入计算机相关原始凭证如图 5-40 ~ 图 5-43 所示。

4400173140　　　　**广东增值税专用发票**　　　　NO：08623453

（印章：全国统一发票监制章 国家税务局监制）

校验码：54801 51540 07961 93124　　发票联　　开票日期：2022 年 12 月 13 日

购货单位	名称：广东穗升有限公司 纳税人识别号：0215196410306 地址、电话：广州市天河区天河北路 5113 号 02051135113 开户银行及账号：中国工商银行天河支行 0221585778				密码区	46003 */* 59 * </356 + 6870/*78 >0// − +5*02 + −145610 <1 * −/4573 < + −2 <3500427 >66 −87 * − 237 >*/54	
货物或应税劳务名称	规格型号	计量单位	数量	单价	金额	税率	税额
HP 计算机	HP7621	台	2	3 800.00	7 600.00	13%	988.00
合计					¥7 600.00		¥988.00
价税合计（大写）	⊗捌仟伍佰捌拾捌元整					（小写）	¥8 588.00
销货单位	名称：广州国美电器有限公司 纳税人识别号：440568974321683 地址、电话：天河路 456 号 87597598 开户银行及账号：建设银行天河支行 458973213587				备注	（印章：广州国美电器有限公司 440568974321683 发票专用章）	

第三联：发票联　购货方记账凭证

收款人：　　　　复核　　　开票人：邓伟　　　销货单位（章）：

图 5-40　增值税专用发票发票联

4400173140　　**广东增值税专用发票**　　NO：08623453

校验码：54801 51540 07961 93124　　发票联　　开票日期：2022 年 12 月 13 日

购货单位	名称	广东穗升有限公司				密码区	46003 */* 59 * </356 + 6870/*78>0//-+5*02 + -145610<1*-/4573< + -2<3500427>66-87*- 237>*/54	
	纳税人识别号	0215196410306						
	地址、电话	广州市天河区天河北路 5113 号 02051135113						
	开户银行及账号	中国工商银行天河支行 0221585778						
货物或应税劳务名称	规格型号	计量单位	数量	单价	金额	税率	税额	
HP 计算机	HP7621	台	2	3 800.00	7 600.00	13%	988.00	
合计					¥7 600.00		¥988.00	
价税合计（大写）	⊗捌仟伍佰捌拾捌元整				（小写） ¥8 588.00			
销货单位	名称	广州国美电器有限公司			备注	广州国美电器有限公司 440568974321683 发票专用章		
	纳税人识别号	440568974321683						
	地址、电话	天河路 456 号 87597598						
	开户银行及账号	建设银行天河支行 458973213587						

第二联：抵扣联 购货方扣税凭证

收款人：　　复核　　开票人：邓伟　　销货单位（章）：

图 5-41　增值税专用发票抵扣联

固定资产交接单

2022 年 12 月 13 日

移交单位		接受单位	生产车间
固定资产名称	HP 计算机	规格	HP7621
技术特征		数量	2
附属物			
建造企业	HP 公司	出厂或建成年月	2022. 10
安装单位	广州国美电器	安装完工年月	2022. 12. 13
原值	¥7 600. 00	其中安装费	
移交单位负责人		接受单位负责人	刘倩碧

图 5-42　固定资产交接单

中国工商银行 转账支票存根（粤） X Ⅱ04015623	中国工商银行转账支票 X Ⅱ04015623
科目______ 对方科目______ 出票日期 2022 年 12 月 13 日	出票日期（大写）贰零贰贰年壹拾贰月壹拾叁日 付款行名称：工行天河支行 收款人：广州国美电器有限公司 出票人账号：0221585778
收款人：广州国美电器有限公司 金额：￥8 588.00 用途：购买计算机	人民币（大写）⊗捌仟伍佰捌拾捌元整 千 百 十 万 千 百 十 元 角 分：￥ 8 5 8 8 0 0
单位主管 会计	用途 购货款 上列款项请从 我账户内支付 出票人签章 广东穗升有限公司财务专用章 复核 记账 高华林印

图 5-43 转账支票

注：由企业会计填制，左边企业留存，右边交银行转账。

18. 业务 18：销售原材料

销售原材料相关原始凭证如图 5-44 ~ 图 5-46 所示。

4400173140 **广东增值税专用发票** NO：03955068

（全国统一发票监制章 国家税务总局监制）

校验码：54766 51540 07961 1312 记账联 开票日期：2022 年 12 月 13 日

购货单位	名称	峰业电器公司			密码区	899 < 08492 + 7 > > 783 > * 5341 < / − 576105 * 60 < 2 + 7915634783 − 6 < 250 * − > 657/1362 * * 47028	
	纳税人识别号	445000617600081					
	地址、电话	广州黄埔路 266 号 020-86891568					
	开户银行及账号	中国招商银行黄埔分行 222555989456					

货物或应税劳务名称	规格型号	计量单位	数量	单价	金额	税率	税额
带钢	YL501	吨	10	5 500.00	55 000.00	13%	7 150.00
合计					￥55 000.00		￥7 150.00
价税合计（大写）	⊗陆万贰仟壹佰伍拾零元零角零分				（小写）￥62 150.00		

销货单位	名称	广东穗升有限公司	备注
	纳税人识别号	0215196410306	广东穗升有限公司 0215196410306 发票专用章
	地址、电话	广州市天河区天河北路 5113 号 02051135113	
	开户银行及账号	中国工商银行天河支行 0221585778	

收款人：高华林 复核： 开票人：李春林 销货单位（章）：

第一联：记账联 销货方记账凭证

图 5-44 增值税专用发票记账联

中国招商银行转账支票 SⅡ04015623

出票日期（大写） 贰零贰贰年壹拾贰月壹拾叁日 付款行名称：招商行黄埔支行

收款人：广东穗升有限公司 出票人账号：0221585778

人民币	千	百	十	万	千	百	十	元	角	分
（大写）⊗陆万贰仟壹佰伍拾零元零角零分			¥	6	2	1	5	0	0	0

用途 购货款

上列款项请从

我账户内支付

出票人签章复核记账

（印章：黄文兴之印；峰业电器有限公司财务专用章）

图 5-45 转账支票

注：此联交银行。

中国工商银行**进账单**（回单或收账通知）①

2022 年 12 月 13 日 第 28220223 号

付款人	全称	峰业电器公司	收款人	全称	广东穗升有限公司
	账号	0221585778		账号	0221585778
	开户银行	招商行黄埔支行		开户银行	工商银行天河支行

人民币（大写）		千	百	十	万	千	百	十	元	角	分
	⊗陆万贰仟壹佰伍拾零元零角零分			¥	6	2	1	5	0	0	0

票据种类		
票据张数		
单位主管： 会计： 复核：		收款人开户行盖章：

（印章：中国工商银行天河支行 20221213 业务清讫）

图 5-46 进账单

19. 业务 19：支付广告费

支付广告费相关原始凭证如图 5-47 ~ 图 5-50 所示。

4400173140　　**广东增值税专用发票**　　NO：28123157

校验码：14466 51540 07961 93121　　发票联　　开票日期：2022 年 12 月 15 日

购货单位	名称	广东穗升有限公司	密码区	12003 */*59* </356+
	纳税人识别号	0215196410306		6870/*78>0//-+5*02
	地址、电话	广州市天河区天河北路 5113 号 02051135113		+-145610<1*-/4573
	开户银行及账号	中国工商银行天河支行 0221585778		<+-2<3500427>66-
				87*-237>*/54

货物或应税劳务名称	规格型号	计量单位	数量	单价	金额	税率	税额
广告		次	2	1 300.00	2 600.00	6%	156.00
合计					¥2 600.00		¥156.00
价税合计（大写）	⊗贰仟柒佰伍拾陆元零角零分					（小写）	¥2 756.00

销货单位	名称	广州广播电视有限公司	备注	广州广播电视有限公司 120568973211677 发票专用章
	纳税人识别号	120568973211677		
	地址、电话	环市路 156 号 36750000		
	开户银行及账号	建行环市路支行 111897321222		

收款人：　　复核：　　开票人：薛宝贵　　销货单位（章）：

第三联：发票联　购货方记账凭证

图 5-47　增值税专用发票发票联

4400173140　　**广东增值税专用发票**　　NO：28123157

校验码：14466 51540 07961 93121　　发票联　　开票日期：2022 年 12 月 15 日

购货单位	名称	广东穗升有限公司	密码区	12003 */*59* </356+
	纳税人识别号	0215196410306		6870/*78>0//-+5*02
	地址、电话	广州市天河区天河北路 5113 号 02051135113		+-145610<1*-/4573
	开户银行及账号	中国工商银行天河支行 0221585778		<+-2<3500427>66-
				87*-237>*/54

货物或应税劳务名称	规格型号	计量单位	数量	单价	金额	税率	税额
广告		次	2	1 300.00	2 600.00	6%	156.00
合计					¥2 600.00		¥156.00
价税合计（大写）	⊗贰仟柒佰伍拾陆元零角零分					（小写）	¥2 756.00

销货单位	名称	广州广播电视有限公司	备注	广州广播电视有限公司 120568973211677 发票专用章
	纳税人识别号	120568973211677		
	地址、电话	环市路 156 号 36750000		
	开户银行及账号	建行环市路支行 111897321222		

收款人：　　复核：　　开票人：薛宝贵　　销货单位（章）：

第二联：抵扣联　购货方扣税凭证

图 5-48　增值税专用发票抵扣联

广东穗升有限公司费用报销单

2022 年 12 月 15 日

发生日期		报销内容	单据张数	金　额									备注
月	日			百	十	万	千	百	十	元	角	分	
12	15	广告费	1				2	7	5	6	0	0	
合计人民币（大写）⊗贰仟柒佰伍拾陆元整						¥	2	7	5	6	0	0	
主管意见		同意　刘倩　2022-12-15		报销人签章：高翊伟　证明人：朱大壮									
已借现金：				退回现金：									

支票

复核：蒋一飞　　　　主管：　　　　出纳：高华林

图 5-49　广告费报销单

中国工商银行转账支票存根

支票号码　　NO：022568976

科目

对方科目

签发日期　　2022 年 12 月 15 日

金额：￥2 756.00
用途：支付广告费
备注：

单位主管：林强　　会计：

复　　核：　　　　记账：

图 5-50　支票存根

20. 业务 20：产品入库

产品入库相关原始凭证如图 5-51 所示。

产成品入库单

2022 年 12 月 18 日　　编号：RK2009-12-15-0002

产品名称	计量单位	入库数量	本月累计
电热水器	台	200	370
电暖器	台	250	400
备注	第二批完工产品验收入库		

第二联　记账联

记账：　　　　经手人：徐建达　　　　保管人：

图 5-51　产成品入库单

注：此处仅登记库存商品明细账，月末集中结转完工产品成本。

21. 业务 21：支付本月电话费

支付电话费相关原始凭证如图 5-52 ~ 图 5-54 所示。

4400175140　　**广东增值税专用发票**　　NO：80012315

校验码：14466 51574 07961 93121　　发票联　　开票日期：2022 年 12 月 20 日

全国统一发票监制章 广东 国家税务局监制

购货单位	名称	广东穗升有限公司				密码区	4003 ＊/＊ 59 ＊ </356 + 6870/＊78 >0//－ +5＊02 +－145610 <1 ＊ －/4573 <+ －2 <3500427 >66 － 87＊ －237 > ＊/50	
	纳税人识别号	0215196410306						
	地址、电话	广州市天河区天河北路 5113 号 02051135113						
	开户银行及账号	中国工商银行天河支行 0221585778						
货物或应税劳务名称		规格型号	计量单位	数量	单价	金　额	税率	税　额
电信			月	1		3 162.00	6%	189.72
合计						¥3 162.00		¥189.72
价税合计（大写）		⊗叁仟叁佰伍拾壹元柒角贰分					（小写）	¥3 351.72
销货单位	名称	广东省电信有限公司				备注	广东省电信有限公司 770568973001677 发票专用章	
	纳税人识别号	770568973001677						
	地址、电话	广州大道 007 号 85210001						
	开户银行及账号	工行广州支行 201897321000						

收款人：　　复核：　　开票人：薛宝贵　　销货单位（章）：

第三联：发票联　购货方记账凭证

图 5-52　增值税专用发票发票联

4400175140　　**广东增值税专用发票**　　NO：80012315

校验码：14466 51574 07961 93121　　发票联　　开票日期：2022 年 12 月 20 日

全国统一发票监制章 广东 国家税务局监制

购货单位	名称	广东穗升有限公司				密码区	4003 ＊/＊ 59 ＊ </356 + 6870/＊78 >0//－ +5＊02 +－145610 <1 ＊ －/4573 <+ －2 <3500427 >66 － 87＊ －237 > ＊/50	
	纳税人识别号	0215196410306						
	地址、电话	广州市天河区天河北路 5113 号 02051135113						
	开户银行及账号	中国工商银行天河支行 0221585778						
货物或应税劳务名称		规格型号	计量单位	数量	单价	金　额	税率	税　额
电信			月	1		3 162.00	6%	189.72
合计						¥3 162.00		¥189.72
价税合计（大写）		⊗叁仟叁佰伍拾壹元柒角贰分					（小写）	¥3 351.72
销货单位	名称	广东省电信有限公司				备注	广东省电信有限公司 770568973001677 发票专用章	
	纳税人识别号	770568973001677						
	地址、电话	广州大道 007 号 85210001						
	开户银行及账号	工行广州支行 201897321000						

收款人：　　复核：　　开票人：薛宝贵　　销货单位（章）：

第二联：抵扣联　购货方扣税凭证

图 5-53　增值税专用发票抵扣联

委托收款凭证（付款通知）5

委邮　　　　委托日期：2022 年 12 月 20 日　　　委托号码：002018208

付款人	全称	广东穗升有限公司	收款人	全称	广东省电信广州分公司
	账号	0221585778		账号	370-546798
	开户银行	中国工商银行天河支行		开户银行	中国建设银行天河支行

委收金额	人民币（大写）⊗叁仟叁佰伍拾壹元柒角贰分	千	百	十	万	千	百	十	元	角	分
					¥	3	3	5	1	7	2

项目内容	电话费	委托收款凭证	电话费发票	附寄单证张数	1 张

备注：	付款单位注意： 1. 根据结算办法，上列委托收款，如在付款期限内未拒付时，即视同意付款，以此联代付款通知。 2. 如需提前付款或多付款时，应另写书面通知送银行办理。 3. 如系全部或部分拒付，应在付款期限内另填拒付理由书送银行办理。

（印章：中国工商银行天河支行 2022.12.20 业务清讫；中国建设银行天河支行 业务章）

单位主管：　　会计：　　复核：　　记账：　　付款人开户行盖章：

图 5-54　付款通知

22. 业务 22：购入股票

购入股票相关原始凭证如图 5-55 ~ 图 5-57 所示。

广州证券公司

客户名称：广东穗升有限公司　　　　日期：2022 年 12 月 20 日

036792	成交过户交割凭单	买
股东编号：456781 电脑编号：25789 公司编号：258	成交证券：华能股份 成交数量：3 000 成交价格：25. 68	
申请编号：697 申报时间：10：45 成交时间：11：50	成交金额：77 040. 00 标准佣金：0 过户费用：0	
上次余额：0（股） 本次成交：3 000（股） 本次余额：3 000（股） 本次库存：	印花税： 应收金额： 附加费用：0 实付金额：77 040. 00	

③通知联

（印章：广州证券公司天河营业部业务专用章（2））

图 5-55　股票交割单

董事会决议（摘要）

购华能股份进行短期投资……

记录：张英

董事长签名：王大力

2022 年 12 月 10 日

图 5-56　董事会决议

中国工商银行转账支票存根

支票号码　　NO：024993278

科目＿＿＿＿＿＿＿＿

对方科目＿＿＿＿＿＿＿＿

签发日期　　2022 年 12 月 21 日

金额：￥77 040. 00
用途：支付广州证券
备注：

单位主管：　　　　会计：

复　　核：　　　　记账：

图 5-57　转账支票存根

23. 业务 23：提取现金

提取现金相关原始凭证如图 5-58 所示。

中国工商银行

现金支票存根（粤）

Ⅶ Ⅱ 01018822

科目＿＿＿＿＿＿＿＿

对方科目＿＿＿＿＿＿＿＿

出票日期 2022 年 12 月 22 日

收款人：广东穗升有限公司
金额：￥8 000. 00
用途：备用金

单位主管　　　　会计

中国工商银行现金支票　　Ⅶ Ⅱ 01018822

出票日期（大写）贰零贰贰年壹拾贰月贰拾贰日 付款行名称：工行天河支行

收款人：广东穗升有限公司　　　　出票人账号：0221585778

人民币（大写）⊗捌仟元整	千	百	十	万	千	百	十	元	角	分
				￥	8	0	0	0	0	0

用途＿备用金＿

上列款项请从

我账户内支付

出票人签章　　广东穗升有限公司财务专用章　　复核　　林高华印　　记账

图 5-58　现金支票

24. 业务 24：厂部报销业务招待费

厂部报销业务招待费相关原始凭证如图 5-59 ~ 图 5-61 所示。

044000175140　　　　**广东增值税普通发票**　　　　NO：08126151

校验码：00862 52413 38262 91817　　发票联　　开票日期：2022 年 12 月 15 日

购货单位	名称	广东穗升有限公司				密码区	12003 * / * 59 * </356 + 6870/ * 78 >0// - +5 * 02 + -145610 <1 * -/4573 < + -2 <3500427 >66 - 87 * -237 > * /54	
	纳税人识别号	0215196410306						
	地址、电话	广州市天河区天河北路 5113 号 02051135113						
	开户银行及账号	中国工商银行天河支行 0221585778						
货物或应税劳务名称	规格型号	计量单位	数量	单价	金　额	税率	税　额	
餐饮服务		1	1	1 300.00	3 396.22	6%	203.78	
合计					￥3 396.22		￥203.78	
价税合计（大写）	⊗叁仟陆佰零元零角零分					（小写）￥3 600.00		
销货单位	名称	广州渔民新村有限公司				备注	广州渔民新村有限公司 24354419876342 发票专用章	
	纳税人识别号	24354419876342						
	地址、电话	番禺区迎宾路 221 号 32622280						
	开户银行及账号	中国银行番禺支行 011897321666						

收款人：常娟　　复核：陈华华　　开票人：董剑豪　　销货单位（章）：

第三联：发票联　购货方记账凭证

图 5-59　增值税普通发票（餐费）

广 东 增 值 税 普 通 发 票

发　票　联

发票代码 044000171140

发票号码 53211121

机打号码 01861 25243　　机器编码

销售方名称　中石化金贵加油站

纳税人识别号 2115442087634

开票日期 2022 年 12 月 14 日　　收款员李高峰

购买方名称　广东穗升有限公司

纳税人识别号 0215196410306

项目	单价	数量	金额
92 号汽油	7.1	50	355.00

中石化金贵村加油站 2115442087634 发票专用章

合计金额（小写）355.00 合计金额（大写）叁佰伍拾伍元零角零分

校验码　21344 12346 67421 12541

图 5-60　增值税普通发票（加油费）

广东穗升有限公司费用报销单　　记账凭证附件

2022 年 12 月 22 日

发生日期		报销内容	单据张数	金额									备注
月	日			百	十	万	千	百	十	元	角	分	
12	22	招待费	2				3	9	5	5	0	0	
		现金付讫											
合计人民币（大写）⊗叁仟玖佰伍拾伍元整						¥	3	9	5	5	0	0	
主管意见	同意　刘倩　2022-12-22			报销人签章：张英　2022-12-22 证明人：黄丹霞									
已借现金：				退回现金：　支付现金：3 955.00　收款人：张英									

复核：蒋一飞　　　　记账：　　　　出纳：高华林

图 5-61　报销单

25. 业务 25：支付研发部门明年电子信息资料费

支付研发部门明年电子信息资料费相关原始凭证如图 5-62 ~ 图 5-64 所示。

4400175140　　**广东增值税专用发票**　　NO：08126151

校验码：00862 52413 38262 91817　　发票联　　开票日期：2022 年 12 月 15 日

购货单位	名称	广东穗升有限公司					密码区	12003 * / * 59 * < /356 + 6870/ * 78 > 0// − + 5 * 02 + − 145610 < 1 * − /4573 < + − 2 < 3500427 > 66 − 87 * − 237 > * /54
	纳税人识别号	0215196410306						
	地址、电话							
	开户银行及账号							
货物或应税劳务名称		规格型号	计量单位	数量	单价	金额	税率	税额
现代服务：信息服务			年			905.66	6%	54.34
合计						¥905.66		¥54.34
价税合计（大写）		⊗玖佰陆拾元零角零分				（小写）¥960.00		
销货单位	名称	广州日报社					备注	2023 年电子信息资料
	纳税人识别号	914401014553451600						
	地址、电话	广州人民中路同乐路 10 号 43622280						
	开户银行及账号	中国银行广州大道支行 897326600						

第三联：发票联　购货方记账凭证

收款人：王梅梅　　复核：李晓红　　开票人：欧阳东方　　销货单位（章）：

图 5-62　增值税专用发票发票联

4400175140　　　　**广东增值税专用发票**　　　　NO：08126151

抵扣联

校验码：00862 52413 38262 91817　　　　开票日期：2022 年 12 月 15 日

购货单位	名称	广东穗升有限公司	密码区：12003 */* 59 * </356 + 6870/*78 >0//- +5*02 + -145610 <1 * -/4573 < + -2 <3500427 >66 - 87* -237 > */54
	纳税人识别号	0215196410306	
	地址、电话		
	开户银行及账号		

货物或应税劳务名称	规格型号	计量单位	数量	单价	金额	税率	税额
现代服务：信息服务		年			905.66	6%	54.34
合计					¥905.66		¥54.34
价税合计（大写）	⊗玖佰陆拾元零角零分				（小写）¥960.00		

销货单位	名称	广州日报社	备注：2023 年电子信息资料
	纳税人识别号	914401014553451600	
	地址、电话	广州人民中路同乐路 10 号 43622280	
	开户银行及账号	中国银行广州大道支行 897326600	

收款人：王梅梅　　复核：李晓红　　开票人：欧阳东方　　销货单位（章）：

第二联：抵扣联　购货方扣税凭证

图 5-63　增值税专用发票抵扣联

广东穗升有限公司费用报销单

2022 年 12 月 23 日

发生日期		报销内容	单据张数	金额									备注
月	日			百	十	万	千	百	十	元	角	分	
12	23	电子信息资料	1					9	6	0	0	0	在 2023 年进行摊销。入“其他应收款”905.66 元
			现金付讫										
合计人民币（大写）⊗玖佰陆拾元整							¥	9	6	0	0	0	
主管意见	同意　刘倩　2022-12-23			报销人签章：种鲜丽　证明人：满锦绣									
已借现金：				退回现金：　支付现金：960.00　收款人：种鲜丽									

复核：蒋一飞　　　　记账：　　　　出纳：高华林

图 5-64　报销单

26. 业务 26：支付财产保险费

支付财产保险费相关原始凭证如图 5-65 ~ 图 5-68 所示。

交易时间　2022/12 /26　09：57：02
交易类型　向他行账户转账
交易渠道　手机银行
转账金额　3 600. 00
大写金额　叁仟陆佰零拾零元零角零分
凭 证 号　113024993279

收款方
户名　中国平安财产保险股份有限公司广州分公司
账号　897388600
银行　中国银行体育东路分行

付款方
户名　广东穗升有限公司
账号　0221585778

中国工商银行 电子回单 专用章

图 5-65　手机银行转账凭证

4400173140　　**广东增值税专用发票**　　NO：38126111

校验码：43862 02413 38262 91807　　发 票 联　　开票日期：2022 年 12 月 26 日

全国统一发票监制章 广东 国家税务局监制

购货单位	名称	广东穗升有限公司	密码区：8803 */* 59 * </356 + 6870/*78 >0// - +5*02 + - 145610 <1 * -/4573 < + -2 < 3500427 >66 - 87 * -237 > */54
	纳税人识别号	0215196410306	
	地址、电话		
	开户银行及账号		

货物或应税劳务名称	规格型号	计量单位	数量	单价	金　额	税率	税　额
综合险		份		3 396. 23	3 396. 23	6%	203. 77
合计					¥3 396. 23		¥203. 77
价税合计（大写）	⊗叁仟陆佰零拾零元零角零分						（小写）¥3 600. 00

销货单位	名称	中国平安财产保险股份有限公司广州分公司	备注：中国平安财产保险股份有限公司广州分公司 91440000890350458f 发票专用章
	纳税人识别号	91440000890350458f	
	地址、电话	广州天河区体育东路 160 号	
	开户银行及账号	中国银行体育东分行 897388600	

收款人：王大海　　复核：王晓红　　开票人：陈树清　　销货单位（章）：

第三联：发票联　购货方记账凭证

图 5-66　增值税专用发票发票联

4400173140　　**广东增值税专用发票**　　NO：38126111

校验码：43862 02413 38262 91807　　抵扣联　　开票日期：2022 年 12 月 26 日

购货单位	名称	广东穗升有限公司				密码区	8803 ＊/＊59＊ </356＋ 6870/＊78＞0//－＋5＊02 ＋－145610＜1＊－/4573 ＜＋－2＜3500427＞66－ 87＊－237＞＊/54	
	纳税人识别号	0215196410306						
	地址、电话							
	开户银行及账号							
货物或应税劳务名称	规格型号	计量单位	数量	单价	金额	税率	税额	
综合险		份		3 396. 23	3 396. 23	6%	203. 77	
合计					¥3 396. 23		¥203. 77	
价税合计（大写）	⊗叁仟陆佰零拾零元零角零分						（小写）¥3 600. 00	
销货单位	名称	中国平安财产保险股份有限公司广州分公司				备注	中国平安财产保险股份有限公司广州分公司 91440000890350458f 发票专用章	
	纳税人识别号	91440000890350458f						
	地址、电话	广州天河区体育东路 160 号						
	开户银行及账号	中国银行体育东分行 897388600						

收款人：王大海　　复核：王晓红　　开票人：陈树清　　销货单位（章）：

第二联：抵扣联　购货方扣税凭证

图 5-67　增值税专用发票抵扣联

中国平安财产保险股份有限公司

CHINA PINGAN PROPERTY INSURANCE CO. LTD

财产保险综合保险单（正本）NO：02-0027572

保险单号：

鉴于广东穗升有限公司（以下称被保险人）已向本公司投报财产保险综合险以及附加险，并按本保险条款约定交纳保险费，本公司持签发本保险单并同意依照财产保险综合险条款和附加险条款以及特别约定条件在本保险单保险责任期限内，承担被保险人下列标的的保险责任。

	承保标的项目	标的坐落地址	以何种价值承保	保险金额（元）	费率	保险费（元）
综合险	特约保险标的	广州市天河区天河北路 5113 号厂房		360 000. 00	1%	3 600. 00
总保险金额（大写）⊗叁拾陆万元整				（小写）¥360 000. 00		
附加险						
总保险费（大写）⊗叁仟陆佰元整						
保险责任期限：自 2023 年 1 月 1 日零时起至 2023 年 12 月 31 日二十四时止						
特别约定						
注意： 1. 被保险人收到本保险单后请即核对，如有错误立即通知公司。 2. 财产保险投保单、投保标的明细表、风险情况表连同本保险单皆为本保险合同不可分割的组成部分。				中国平安财产保险股份有限公司广州分公司 2022 年 12 月 26 日		

中国平安财产保险股份有限公司广州分公司 财务专用章

经理：　　统计：　　会计：　　复核：陈晨　　制单：李薇　　核保：

图 5-68　财产保险综合保险单

27. 业务 27：厂部报销费用

厂部报销费用相关原始凭证如图 5-69 ~ 图 5-72 所示。

014000173140　　**陕西增值税普通发票**　　NO：54126121

校验码：78771 13455 43523 38262　　发票联　　开票日期：2022 年 12 月 10 日

购货单位 名称	广东穗升有限公司			密码区	9803 ＊/＊ 59 ＊ </356 + 6870/＊78 >0// − +5＊02 + − 145610 < 1 ＊ −/4573 < + −2 < 3500427 > 66 − 87＊ −237 > ＊/21		
纳税人识别号	0215196410306						
地址、电话							
开户银行及账号							
货物或应税劳务名称	规格型号	计量单位	数量	单价	金额	税率	税额
餐饮服务		1	1	900.00	900.00	0%	0.00
合计					¥900.00		¥0.00
价税合计（大写）	⊗玖佰零元零角零分					（小写）	¥900.00
销货单位 名称	西安解放路饺子集团			备注	西安解放路饺子集团 610197222689 发票专用章		
纳税人识别号	24354419876342						
地址、电话	西安市解放路 32622280						
开户银行及账号	中国银行解放路支行 4389732111						

收款人：董浩　　复核：李陈农　　开票人：王发发　　销货单位（章）：

第三联：发票联 购货方记账凭证

图 5-69　增值税普通发票

4400171140　　**广东增值税专用发票**　　NO：38126111

校验码：43862 25413 38262 91807　　发票联　　开票日期：2022 年 12 月 26 日

购货单位 名称	广东穗升有限公司			密码区	8803 ＊/＊ 59 ＊ </356 + 6870/＊78 >0// − +5＊02 + − 145610 < 1 ＊ −/4573 < + −2 < 3500427 > 66 − 87＊ −237 > ＊/54		
纳税人识别号	0215196410306						
地址、电话							
开户银行及账号							
货物或应税劳务名称	规格型号	计量单位	数量	单价	金额	税率	税额
网络服务		年	1	2 122.64	2 122.64	6%	127.36
合计					¥2 122.64		¥127.36
价税合计（大写）	⊗贰仟贰佰伍拾零元零角零分					（小写）	¥2 250.00
销货单位 名称	广州长城宽带网络服务有限公司			备注	广州长城宽带网络服务有限公司 91440115715567667 发票专用章		
纳税人识别号	91440115715567667						
地址、电话	广州海珠区琶洲大道东 1 号						
开户银行及账号	建行琶洲大道分行 1197388670						

收款人：李岩菊　　复核：王禹祥　　开票人：孙翔宇　　销货单位（章）：

第三联：发票联 购货方记账凭证

图 5-70　增值税专用发票发票联

4400171140　　　　**广东增值税专用发票**　　　　NO：38126111

校验码：43862 25413 38262 91807　　发票联　　开票日期：2022 年 12 月 26 日

购货单位	名称	广东穗升有限公司	密码区	8803 ＊/＊ 59 ＊ </356 ＋
	纳税人识别号	0215196410306		6870/＊78 >0//－ ＋5＊02
	地址、电话			＋－145610 <1 ＊ －/4573
	开户银行及账号			< ＋ －2 <3500427 >66 －
				87＊ －237 > ＊/54

货物或应税劳务名称	规格型号	计量单位	数量	单价	金　额	税率	税　额
网络服务		年	1	2 122.64	2 122.64	6%	127.36
合计					¥2 122.64		¥127.36
价税合计（大写）	⊗贰仟贰佰伍拾零元零角零分						（小写） ¥2 250.00

销货单位	名称	广州长城宽带网络服务有限公司	备注
	纳税人识别号	91440115715567667	
	地址、电话	广州海珠区琶洲大道东 1 号	
	开户银行及账号	建行琶洲大道分行 1197388670	

收款人：李岩菊　　复核：王禹祥　　开票人：孙翔宇　　销货单位（章）：

第二联：抵扣联　购货方扣税凭证

图 5-71　增值税专用发票抵扣联

广东穗升有限公司费用报销单

2022 年 12 月 27 日　　　　记账凭证附件

发生日期 月	发生日期 日	报销内容	单据张数	百	十	万	千	百	十	元	角	分	备注
12	27	厂部管理费	2				3	1	5	0	0	0	
		现金付讫											
合计人民币（大写）⊗叁仟壹佰伍拾元整						¥	3	1	5	0	0	0	
主管意见	同意　刘倩　2022-12-27			报销人签章：种鲜丽　证明人：王霞									
已借现金：		退回现金：		支付现金：3 150.00　收款人：种鲜丽									

复核：蒋一飞　　　　记账：　　　　出纳：高华林

图 5-72　报销单

28. 业务 28：收到预付的购货款

收到预付的购货款相关原始凭证如图 5-73、图 5-74 所示。

中国工商银行电汇凭证（电子收账通知）④

委托日期 2022 年 12 月 28 日　　　　第 356248 号

汇款人	全称	西安锦江家电有限公司		收款人	全称	广东穗升有限公司		
	账号或地址	560564966			账号或地址	0221585778		
	汇出地点	陕西省 西安市（县）	汇出行名称	工行曲江分行	汇入地点	广东省 广州市（县）	汇入行名称	工行天河支行

金额	千	百	十	万	千	百	十	元	角	分
人民币（大写）⊗伍万陆仟伍佰元整			¥	5	6	5	0	0	0	0

汇款用途：预付购货款 上列款项已根据委托办理，如需查询，请持此联来面洽。 单位主管　会计　复核　记账	第一次打印 汇出行盖章 2022 年 12 月 28 日

中国工商银行天河支行 业务章

图 5-73　电汇回单

购销合同书

2022 年 12 月 25 日　　　　合同编号：20221225001

购货方名称	西安锦江家电有限公司		销货方名称	广东穗升有限公司		
电话及地址	029-85636428 西安市曲江 56 号		电话及地址	38304146 广州市天河区天河北路 5113 号		
开户银行及账号	工行曲江分行 560564966		开户银行及账号	工行天河支行 0221585778		
品名	规格型号	计量单位	数量	单价	金额	备注
电热水器	LD2215	台	200	2500.00	500 000.00	（不含税价）
合计（大写）⊗伍拾万元整						

合同条款：1. 交货日期及方式：签订合同后 10 天内支付 10% 预付款。预付款到账后三天内发货，货到余款付清。
2. 结算方式：电汇。
3. 质量保证：质量不合格三个月内可退货。
4. 违约责任：购货方如期不付款，每月按货款及价税总额 6% 支付罚金，销货方不能如期供货按货款 30% 补付对方。

购货方：西安锦江家电有限公司（盖章）　　销货方：广东穗升有限公司（盖章）

购货方代表签名：石宁 2022-12-25　　销货方代表签名：李春林 2022-12-25

图 5-74　购销合同

29. 业务 29：销售产品收到款项

销售产品收到款项相关原始凭证如图 5-75 ~ 图 5-77 所示。

中国工商银行

支付系统 专用凭证　　　　NO　002058628710

报文种类：CMT100　交易种类：HVPS　货计　业务种类：11　支付交易序号：0127861
发起行行号：87303000012　汇款人开户行行号：工行曲江分行　委托日期：
汇款人账号：560564966
汇款人名称：西安锦江家电有限公司
汇款人地址：西安市曲江 56 号
接受行行号：870　收款人开户行行号：中国工商银行天河支行　收报日期：2022-12-30
收款人账号：0221585778　（盖章）
收款人名称：广东穗升有限公司
收款人地址：广州市天河区天河北路 5113 号
货币名称、金额（大写）人民币⊗伍拾万零捌仟伍佰元整
货币名称、金额（大写）￥508 500. 00
附言：货款

中国工商银行天河支行
20221230
业务清讫

报文状态：已入账
流水号：815914　打印时间：2022-12-30
第 01 次打印!

第二联　作为客户通知单　　会计：　　复核：　　记账：

图 5-75　收款通知

4400175140　　**广东增值税专用发票**　　NO：06487952

记账联

校验码：43862 02413 38262 91811　　开票日期：2022 年 12 月 30 日

购货单位	名称	西安锦江家电有限公司				密码区	> * / * 58737 > / * 944 + −44// *	
	纳税人识别号	44012357894612					4106987/6/ * −20184 < /38745 <4	
	地址、电话	西安曲江 56 号 029-85636428					+/855204 +/−011 < < 56 + −	
	开户银行及账号	工行曲江分行 560-564966					84486537 * − +37 > >3235 + * −	
							66 −87 * −237 > * /56	
货物或应税劳务名称	规格型号	计量单位	数量	单价	金额	税率	税额	
电热水器	LD2215	台	200	2500. 00	500 000. 00	13%	65 000. 00	
合计					￥500 000. 00		￥65 000. 00	
价税合计（大写）	⊗伍拾陆万伍仟零佰零元零角零分						（小写）￥565 000. 00	
销货单位	名称	广东穗升有限公司				备注	广东穗升有限公司 0215196410306 发票专用章	
	纳税人识别号	0215196410306						
	地址、电话	广州市天河区天河北路 5113 号 02051135113						
	开户银行及账号	中国工商银行天河支行						

第一联：记账联　销售方记账凭证

收款人：高春林　复核：张天华　开票人：李春林　销货单位（章）：

图 5-76　增值税专用发票记账联

销售产品发货单　　运输方式：汽运

购货单位：西安锦江家电有限公司　　2022 年 12 月 30 日　　编号：061126

产品名称	规格型号	计量单位	数量	单位成本	金额	备注
电热水器	LD2215	台	200			

销售负责人：李春林　　发货人：程晓华　　提货人：　　制单：刘德鑫

图 5-77　产品发货单

注：依据此联登记库存商品明细账，月末集中结转已售商品成本。

30. 业务 30：产品入库

产品入库相关原始凭证如图 5-78 所示。

产成品入库单

2022 年 12 月 30 日　　编号：RK2022-12-26-0003

产品名称	计量单位	入库数量	本月累计
电热水器	台	100	470
电暖器	台	150	550
备注	第三批完工产品验收入库		

第二联　记账联

记账：　　经手人：徐建达　　保管人：

图 5-78　产成品入库单

注：此处仅登记库存商品明细账，月末集中结转完工产品成本。

31. 业务 31：月末结转本月发出材料成本

月末结转本月发出材料成本相关原始凭证如图 5-79、图 5-80 所示。

广东穗升有限公司领料单

领料部门：生产车间

用途：生产电热水器　　2022 年 12 月 1 日　　编号：LL2022-12-0001

材料名称及规格	计量单位	数量		价格	
		请领	实领	单价	金额
晶体管 BZV55C	个	20	20	81. 31	1 626. 20
导热线盘 LL103B	片	500	500	50. 00	25 000. 00
备注：				合计	26 626. 20

第二联　记账联

记账：　　审批人：张喜　　领料人：钱敏　　发料人：李大庆

图 5-79　领料单

注：本单为 12 月领料单之一，其余 15 份领料单略。

广东穗升有限公司发料凭证汇总表

2022 年 12 月 31 日　　　　附单据 16 张

领料部门	用途	材料名称	计量单位	领用数量	单价	金额（元）
生产车间	生产电热水器	晶体管	个	400	81.33	32 532.00
生产车间	生产电热水器	导热线盘	片	600	50.00	30 000.00
生产车间	生产电热水器	ABS 料	套	200	6.67	1 334.00
生产车间	生产电暖器	晶体管	个	300	81.33	24 399.00
生产车间	生产电暖器	导热线盘	片	200	50.00	10 000.00
生产车间	生产电暖器	带钢	吨	5	5 028.93	25 144.65
生产车间	生产电暖器	ABS 料	套	5 000	6.67	33 350.00
厂部	销售	带钢	吨	10	5 028.93	50 289.30
合计						207 048.95

会计主管：朱强　　　　制表：朱谨

图 5-80　发料凭证汇总表

注：根据上述 16 份领料单编制“发料汇总表”如上，本“汇总表”可作为“记账凭证附件”。

32. 业务 32：分配本月工资费用

分配本月工资费用相关原始凭证如图 5-81、图 5-82 所示。

工资结算汇总表

2022 年 12 月 31 日　　　　单位：元

部门人员	职工人数	基本工资	责任津贴	岗位津贴	其他补贴	缺勤应扣	应发工资	代扣款项		个人所得税	实发工资
								养老保险	失业保险		
生产电热水器工人	30	18 571	5 288	6 287	3 210	156	33 200	2 000	250	50	30 900
生产电暖器工人	32	18 080	7 834	8 831	3 880	125	38 500	3 000	375	21	35 104
车间管理人员	3	8 120	1 556	1 955	820	151	12 300	664	83	275	11 278
厂部管理人员	8	10 320	2 287	3 373	1 245	25	17 200	976	122	295	15 807
合计	73	55 091	16 965	20 446	9 155	457	101 200	6 640	830	641	93 089

会计主管：朱强　　　　制表：薛军

图 5-81　工资结算汇总表

工资费用分配汇总表

2022 年 12 月 31 日　　　　单位：元

应借账户 / 部门	生产成本——电热水器	生产成本——电暖器	制造费用	管理费用	合计
生产电热水器工人					
生产电暖器工人					
车间管理人员					
厂部管理人员					
合计					101 200

会计主管：朱强　　　　制表：汪旺旺

图 5-82　工资费用分配汇总表

33. 业务 33：计提本月工会经费

计提本月工会经费相关原始凭证如图 5-83 所示。

工会经费提取计算表

2022 年 12 月 31 日　　　　单位：元

应付工资总额	提取比例	应提工会经费
101 200.00	2%	2 024.00

会计主管：朱强　　　　制表：汪旺旺

图 5-83　工会经费提取计算表

34. 业务 34：计提本月职工教育经费

计提本月职工教育经费相关原始凭证如图 5-84 所示。

职工教育经费提取计算表

2022 年 12 月 31 日　　　　单位：元

应付工资总额	提取比例	职工教育经费
101 200.00	8%	8 096.00

会计主管：蒋一飞　　　　制表：汪旺旺

图 5-84　职工教育经费提取计算表

35. 业务 35：计提本月固定资产折旧

计提本月固定资产折旧相关原始凭证如图 5-85 所示。

固定资产折旧计算表

2022 年 12 月 31 日　　　　单位：元

固定资产项目	原值	年折旧率	年折旧额	月折旧额	备注
生产用：厂房机器设备	1 000 000.00	5.4%			
非生产用：办公用房设备	229 876.35	4.0%			
合计	1 229 876.35				

会计主管：朱强　　　　制表：张敏

图 5-85　固定资产折旧计算表

36. 业务 36：分摊本月负担的财产保险费、报刊订阅费

分摊本月负担的财产保险费、报刊订阅费相关原始凭证如图 5-86 所示。

费用分摊表

2022 年 12 月 31 日

分摊期限：2022 年 1 月—2022 年 12 月　　　　单位：元

项目	待摊总额	计划摊销期/月	已摊销额	本期摊销额	未摊销额
保险费	43 200. 00	12	39 600. 00	3 600. 00	0. 00
报刊费	2 400. 00	12	2 200. 00	200. 00	0. 00

会计主管：蒋一飞　　　　制表：张敏

图 5-86　费用分摊表

37. 业务 37：计提本月银行借款利息

计提本月银行借款利息相关原始凭证如图 5-87 所示。

短期借款利息计算表

2022 年 12 月 31 日　　　　单位：元

借款项目	借款日期	金额	年利率	应提利息	备注
流动资金	2022 年 12 月 9 日	300 000. 00	9%	1 725. 00	23 天
合计					

会计主管：朱强　　　　制表：张敏

图 5-87　短期借款利息计算表

38. 业务 38：支付并分配本月水电费

支付并分配本月水电费相关原始凭证如图 5-88 ~ 图 5-94 所示。

4400173140 **广东增值税专用发票** NO：07332906

发 票 联

校验码：43862 11413 38262 92813 开票日期：2022 年 12 月 31 日

购货单位	名称	广东穗升有限公司				密码区	9211 + ＊ － + 548 + － <	
	纳税人识别号	0215196410306					667/72 > 978 － 45460 > 428	
	地址、电话	广州市天河区天河北路 5113 号 02051135113					＊ ＊5 > > < 0 ＊/ + 4 < 01	
	开户银行及账号	中国工商银行天河支行 0221585778					< 2 － > 713632 － 9424 + 7 > > 2 + ＊ < 57 －7 > >/	
货物或应税劳务名称	规格型号	计量单位	数量	单价	金　额	税率	税　额	
自来水		吨	713	1.70	1 212.10	9%	109.09	
合计					¥1 212.10		¥109.09	
价税合计（大写）	⊗壹仟叁佰贰拾壹元壹角玖分					（小写）	¥1 321.19	
销货单位	名称	广州市自来水公司				备注	广州市自来水公司 91440101190426853h 发票专用章	
	纳税人识别号	91440101190426853h						
	地址、电话	广州市中山一路 12 号 020-99588165						
	开户银行及账号	中国银行中山路支行 0962001897						

收款人： 复核： 开票人：薛春灵 销货单位（章）：

第三联 发票联 购货方记账凭证

图 5-88　增值税专用发票发票联

4400173140 **广东增值税专用发票** NO：07332906

抵 扣 联

校验码：43862 11413 38262 92813 开票日期：2022 年 12 月 31 日

购货单位	名称	广东穗升有限公司				密码区	9211 + ＊ － + 548 + － <	
	纳税人识别号	0215196410306					667/72 > 978 － 45460 > 428	
	地址、电话	广州市天河区天河北路 5113 号 02051135113					＊ ＊5 > > < 0 ＊/ + 4 < 01 <	
	开户银行及账号	中国工商银行天河支行 0221585778					2 － > 713632 － 9424 + 7 > > 2 + ＊ < 57 －7 > >/	
货物或应税劳务名称	规格型号	计量单位	数量	单价	金　额	税率	税　额	
自来水		吨	713	1.70	1 212.10	9%	109.09	
合计					¥1 212.10		¥109.09	
价税合计（大写）	⊗壹仟叁佰贰拾壹元壹角玖分					（小写）	¥1 321.19	
销货单位	名称	广州市自来水公司				备注	广州市自来水公司 91440101190426853h 发票专用章	
	纳税人识别号	91440101190426853h						
	地址、电话	广州市中山一路 12 号 020-99588165						
	开户银行及账号	中国银行中山路支行 0962001897						

收款人： 复核： 开票人：薛春灵 销货单位（章）：

第二联 抵扣联 购货方扣税凭证

图 5-89　增值税专用发票抵扣联

委托收款凭证（付款通知）5

委邮　　　　委托日期：2022 年 12 月 29 日　　　　委托号码：66622211

付款人			收款人		
付款人	全　　称	广东穗升有限公司	收款人	全　　称	广州市自来水公司
	账　　号	0221585778		账　　号	99962001881
	开户银行	中国工商银行天河支行		开户银行	中国银行开发区支行

委收金额	人民币（大写）	千	百	十	万	千	百	十	元	角	分
	⊗壹仟叁佰贰拾壹元壹角玖分				¥	1	3	2	1	1	9

项目内容	水费	委托收款凭证	发票	附寄单证张数	1 张

备注：	付款单位注意： 1. 根据结算办法，上列委托收款，如在付款期限内未拒付时，即视同意付款，以此联代付款通知。 2. 如需提前付款或多付款时，应另写书面通知送银行办理。 3. 如系全部或部分拒付，应在付款期限内另填拒付理由书送银行办理。

（印章：中国工商银行天河支行 20221229 业务清讫）

单位主管　　会计：黄华　　复核：陈慧敏　记账：　　付款人开户行盖章　2022 年 12 月 29 日

图 5-90　付款通知

广东增值税专用发票

4400175140　　　　　　　　　　　　　　　　NO：0833240109

校验码：98862 02413 38262 92813　　发票联　　开票日期：2022 年 12 月 31 日

购货单位			密码区	
购货单位	名称	广东穗升有限公司	密码区	5542 + * − + 508 + − <
	纳税人识别号	0215196410306		667/72 > 978 − 45460 > 428
	地址、电话	广州市天河区天河北路 5113 号 02051135113		* *5 > > <0 */ +4 <01 <
	开户银行及账号	中国工商银行天河支行 0221585778		2 − > 713611332 − 9424 + 7 > >2 + * <57 −7 > >4/

货物或应税劳务名称	规格型号	计量单位	数量	单价	金　额	税率	税　额
电		度	26 030	0. 83	21 604. 90	13%	2 808. 64
合计					¥21 604. 90		¥2 808. 64
价税合计（大写）	⊗贰万肆仟肆佰壹拾叁元伍角肆分					（小写）	¥24 413. 54

销货单位			备注
销货单位	名称	广州城市用电服务有限公司	备注
	纳税人识别号	91440104231227827D	
	地址、电话	广州市越秀区中山一路 32 号 4 楼 020-3768612	
	开户银行及账号	中国建设银行东圃支行 32262002261	

（印章：广州城市用电服务有限公司 91440104231227827D 发票专用章）

第三联　发票联　购货方记账凭证

收款人：　　复核：徐俊　　开票人：许朗朗　　销货单位（章）：

图 5-91　增值税专用发票发票联

4400175140　　**广东增值税专用发票**　　NO：0833240109

校验码：98862 02413 38262 92813　　抵　扣　联　　开票日期：2022 年 12 月 31 日

购货单位	名称	广东穗升有限公司				密码区	5542 + ＊ － + 508 + － <
	纳税人识别号	0215196410306					667/72 > 978 － 45460 > 428
	地址、电话	广州市天河区天河北路 5113 号 02051135113					＊＊5 > > <0＊/ +4 <01 <
	开户银行及账号	中国工商银行天河支行 0221585778					2 － > 713611332 － 9424 + 7 > >2 + ＊ <57 －7 > >4/

货物或应税劳务名称	规格型号	计量单位	数量	单价	金　额	税率	税　额
电		度	26 030	0.83	21 604.90	13%	2 808.64
合计					¥21 604.90		¥2 808.64
价税合计（大写）	⊗贰万肆仟肆佰壹拾叁元伍角肆分					（小写）	¥24 413.54

销货单位	名称	广州城市用电服务有限公司	备注	广州城市用电服务有限公司 91440104231227827D 发票专用章
	纳税人识别号	91440104231227827D		
	地址、电话	广州市越秀区中山一路 32 号 4 楼 020-3768612		
	开户银行及账号	中国建设银行东圃支行 32262002261		

收款人：　　复核：徐俊　　开票人：许朗朗　　销货单位（章）：

第二联　抵扣联　购货方扣税凭证

图 5-92　增值税专用发票抵扣联

委托收款凭证（付款通知）5

委邮　　委托日期：2022 年 12 月 28 日　　委托号码：56789011

付款人	全　称	广东穗升有限公司	收款人	全　称	广州市电力公司
	账　号	0221585778		账　号	32262002261
	开户银行	中国工商银行天河支行		开户银行	中国建设银行东圃支行

委收金额	人民币（大写）⊗贰万肆仟肆佰壹拾叁元伍角肆分	千	百	十	万	千	百	十	元	角	分
				¥	2	4	4	1	3	5	4

项目内容	电费	委托收款凭证	发票	附寄单证张数	1 张

备注：

付款单位注意：

1. 根据结算办法，上列委托收款，如在付款期限内未拒付时，即视同意付款，以此联代付款通知。
2. 如需提前付款或多付款时，应另写书面通知送银行办理。
3. 如系全部或部分拒付，应在付款期限内另填拒付理由书送银行办理。

中国工商银行天河支行 20221228 业务清讫

单位主管：姜宏伟　　会计：　　复核：李德华　　记账：　　付款人开户行盖章：

图 5-93　付款通知

水、电费用分配表

2022 年 12 月 31 日　　单位：元

使用情况 / 费用项目	厂部			车间			合计
	数量	单价	金额	数量	单价	金额	
水费（吨）	200			513			
电费（度）	2 558			23 472			
合计							

会计主管：朱强　　制单：

图 5-94　费用分配表

39. 业务 39：结转本月制造费用

结转本月制造费用相关原始凭证如图 5-95 所示。

制造费用分配表

部门：生产车间　　2022 年 12 月 31 日　　单位：元

分配对象	分配标准（生产工人工资）	分配率	分配金额
电热水器	33 200. 00		
电暖器	38 500. 00		
合计	71 700. 00		

会计主管：朱强　　制表：

图 5-95　制造费用分配表

注：先计算本期制造费用发生额合计，再根据生产工人工资比例分配。

40. 业务 40：月末结转本月完工产品成本

月末结转本月完工产品成本相关原始凭证如图 5-96 和图 5-97 所示（提示：参看 12 月 10 日、18 日、30 日产品入库单）。

完工产品成本计算表

产品名称：电热水器　　2022 年 12 月 31 日　　单位：元

	数量	直接材料	直接人工	制造费用	总成本
月初在产品成本	290	70 000. 00	36 000. 00	22 809. 03	128 809. 03
本月发生额	180				
合计	470				
分配率	—				
本月完工产品成本	470				
月末在产品成本					

会计主管：朱强　　审核：　　制表：

图 5-96　电热水器完工产品成本计算表

完工产品成本计算表

产品名称：电暖器　　2022 年 12 月 31 日　　单位：元

	数量	直接材料	直接人工	制造费用	总成本
月初在产品成本	260	50 000.00	23 000.00	12 872.69	85 872.69
本月发生额	290				
合计	550				
分配率	—				
本月完工产品成本	550				
月末在产品成本					

会计主管：朱强　　审核：　　制表：

图 5-97　电暖器完工产品成本计算表

41. 业务 41：计算本月产品销售成本

计算本月产品销售成本相关原始凭证如图 5-98 ~ 图 5-101 所示。

产 品 出 库 单

编号：CK2022-12-0001　　2022 年 12 月 9 日　　单位：元

产品名称及规格	计量单位	数量		单价	金额	用途
		申请数量	实发数量			
电热水器 LD2215	台	400	400			销售
备注：天翼有限公司				合计		

第二联　记账联

记账：　　审批人：　　申请人：李春林　　制单：

图 5-98　产品出库单（一）

产 品 出 库 单

编号：CK2022-12-0002　　2022 年 12 月 13 日　　单位：元

产品名称及规格	计量单位	数量		单价	金额	用途
		申请数量	实发数量			
电暖器 LD3816	台	500	500			销售
备注：广东省东升电器				合计		

第二联　记账联

记账：　　审批人：　　申请人：李春林　　制单：

图 5-99　产品出库单（二）

产品出库单

编号：CK2022-12-0003　　2022 年 12 月 30 日　　单位：元

产品名称及规格	计量单位	数量		单价	金额	用途
		申请数量	实发数量			
电热水器 LD2215	台	200	200			销售
备注：西安锦江家电有限公司				合计		

第二联 记账联

记账：　　审批人：　　申请人：李春林　　制单：

图 5-100　产品出库单（三）

产品销售成本计算表

2022 年 12 月 31 日　　单位：元

产品名称	上月库存		本月入库		合计			本月减少		月末库存	
								销售			
	数量	金额	数量	金额	数量	金额	平均价	数量	金额	数量	金额
电热水器 LD2215	700	420 800	470		1 170			600		570	
电暖器 LD3816	400	200 000	550		950			500		450	
合计		620 800									

会计主管：朱强　　制表：

图 5-101　产品销售成本计算表

42. 业务 42：计算本月城市维护建设税

计算本月城市维护建设税相关原始凭证如图 5-102 和图 5-103 所示。

应交增值税计算表

2022 年 12 月 1 日至 2022 年 12 月 31 日　　单位：元

项目				销售额	税额	备注
销项税	应税货物	货物名称	适用税率			
销项税	应税货物	电热水器 LD2215	13%	1 500 000. 00	195 000. 00	
销项税	应税货物	电暖器 LD3816	13%	600 000. 00	78 000. 00	
销项税	应税货物	原材料	13%	55 000. 00	7 150. 00	
销项税	应税货物	小计		2 155 000. 00	280 150. 00	
销项税	应税劳务					
进项税	本期进项税额发生额					
进项税	进项税额转出					
应纳税额						

会计主管：朱强　　制表：

图 5-102　应交增值税计算表

应交城市维护建设税计算表

2022 年 12 月 1 日至 2022 年 12 月 31 日　　　　单位：元

项目	计税基数		税率	应交城市维护建设税
	增值税	营业税		
城市维护建设税	243 969.08*	0	7%	
合计	243 969.08*	0		

会计主管：朱强　　　　　　　　制表：

图 5-103　应交城市维护建设税计算表

注：先根据本月业务填写“本期进项税额发生额”“进项税额转出”，计算本月应纳增值税；再根据本月应纳增值税和营业税额，计算本月应交城市维护建设税并填制记账凭证。* 为计算后参考答案。

43. 业务 43：计算教育费附加

计算教育费附加相关原始凭证如图 5-104 所示。

应交教育费附加计算表

2022 年 12 月 1 日至 2022 年 12 月 31 日　　　　单位：元

项目	计税基数		税率	应交教育费附加
	增值税	营业税		
教育费附加	243 969.08*	0	3%	
合计	243 969.08*	0		

会计主管：朱强　　　　　　　　制表：

图 5-104　应交教育费附加计算表

注：* 为计算后参考答案。

44. 业务 44：计提坏账准备

计提坏账准备相关原始凭证如图 5-105 所示。

计提坏账准备计算表

2022 年 12 月 31 日

应收账款年末余额	计提率	本年年末坏账准备账户余额	坏账准备账户期初余额	应补提或冲减坏账准备
778 000.00	5‰		1 980.00	

会计主管：朱强　　　　　　　　制表：

图 5-105　计提坏账准备计算表

45. 业务45：向红十字会捐款

向红十字会捐款相关原始凭证如图5-106、图5-107所示。

网上银行电子回单					
交易时间：2022-12-30 10:30:29					
付款方	账号	0221585778	收款方	账号	0019328800066306
	用户名	广东穗升有限公司		户名	广州市红十字会
金额（小写）		50 000.00	金额（大写）		伍万元整
币种		人民币	交易类型		转账
交易渠道		超级网银	交易行名		广州清算中心
交易摘要		转支	交易用途		
		本回单仅表明您的账户有金融交易，不能作为到账凭证，不能作为收款方发货依据。			

图5-106　电子回单

广州市公益事业捐赠统一发票

GUANG ZHOU UNIFIED INVOICE OF DONATION FOR PUBLIC WELFAIRE

2022 年 12 月 30 日

捐赠人：广东穗升有限公司　　Y　M　D　　NO：000230643

Donor

捐赠项目 For purpose	实物（外币）种类 Material objects (Currency)	数量 Amount	金额 Total amount								
			百	十	万	千	百	十	元	角	分
疫情防控				¥	5	0	0	0	0	0	0
金额合计（小写）In Figures											
金额合计（大写）In Words　　⊗伍万元整											

第二联　收据

接受单位（盖章）：　　复核人：　　开票人：李娇

Receiver's Seal　　Verified dy　　Handling Person

感谢您对公益事业的支持！Thank you for support of public welfare！

图5-107　红十字会发票

46. 业务 46：收到政府给予高新技术企业的补助款

收到政府给予高新技术企业的补助款相关原始凭证如图 5-108 所示。

财政直接支付凭证（收款回执）　特设专户

编号：00015856　　　　2022 年 12 月 29 日

付款人	全称	广州市财政局国库管理局	收款人	全称	广东穗升有限公司
	账户	23906531111		账户	0221585778
	开户银行	中国建设银行广州市分行		开户银行	中国工商银行天河支行
支付金额	人民币（大写）	壹拾万元整		金额（小写）	¥100 000.00
申请用款单位		一级预算单位	广州市科技与工业信息化局		
经济分类		用途		明细金额	
其他资本性支出		高新技术企业补助		100 000.00	
支付局印鉴 中国工商银行 回单专业章		广州市财政局 国库管理局		银行（借） 会计 分录　对方科目： 复核员：　记账员：	

此联为收款通知

图 5-108　政府补贴收款通知

47. 业务 47：结转本月损益类收入账户

结转本月损益类收入账户相关原始凭证如图 5-109 所示。

本月损益类账户收入发生额汇总表

2022 年 12 月 1 日至 2022 年 12 月 31 日　　　　单位：元

项目	本月数
1. 主营业务收入	
2. 其他业务收入	
3. 营业外收入	
4. 投资收益	
合计	2 255 000.00*

会计主管：朱强　　　　制表：

图 5-109　本月损益类账户收入发生额汇总表

注：* 为计算后参考答案。

48. 业务48：结转本月损益类费用账户

结转本月损益类费用账户相关原始凭证如图5-110所示。

本月损益类费用账户发生额汇总表

2022年12月1日至2022年12月31日　　单位：元

项目	本月数
1. 主营业务成本	
2. 其他业务成本	
3. 税金及附加	
4. 销售费用	
5. 管理费用	
6. 财务费用	
7. 信用减值损失	
8. 营业外支出	
合计	

会计主管：朱强　　制表：

图5-110　本月损益类费用账户发生额汇总表

49. 业务49：计算本月应交所得税

计算本月应交所得税相关原始凭证如图5-111所示。

企 业 所 得 税 计 算 表

2022年12月1日至2022年12月31日　　单位：元

项目	全 月 累 计
一、营业收入	2 155 000.00
减：营业成本	
税金及附加	
销售费用	
管理费用	
财务费用	
信用减值损失	
加：公允价值变动收益	
投资收益（损失以“－”号填列）	
二、营业利润（亏损以“－”号填列）	
加：营业外收入	
减：营业外支出	
三、利润总额（亏损以“－”号填列）	
纳税调整增加金额	
纳税调整减少金额	
本月应纳税所得额	
本月应交所得税	
已交所得税	
本月应补交（或退税）额	

会计主管：朱强　　制表：

图5-111　企业所得税计算表

50. 业务 50：结转本月所得税费用

结转本月所得税费用相关原始凭证如图 5-112 所示。

本月所得税费用发生额汇总表

2022 年 12 月 1 日至 2022 年 12 月 31 日　　单位：元

项目	本月数
所得税费用	
合计	

会计主管：朱强　　制表：

图 5-112　本月所得税费用发生额汇总表

51. 业务 51：结转全年实现的税后利润

结转全年实现的税后利润相关原始凭证如图 5-113 所示。

全年税后利润计算表

2022 年 12 月 31 日　　单位：元

月份	1 至 11 月	12 月	全年累计
金额	825 418. 55		

会计主管：朱强　　制表：

图 5-113　全年税后利润计算表

52. 业务 52：提取法定盈余公积金

提取法定盈余公积金相关原始凭证如图 5-114 所示。

提取盈余公积计算表

2022 年 12 月 31 日　　单位：元

项目	计提依据	提取率	应提金额	备注
	全年税后利润金额			
法定盈余公积		10%		
合计				

会计主管：朱强　　制表：

图 5-114　提取盈余公积计算表

53. 业务 53：计提应付股利

计提应付股利相关原始凭证如图 5-115、图 5-116 所示。

应付股利计算表

2022 年 12 月 31 日　　单位：元

项目	分配依据 剩余利润金额	提取率	应分配金额	备注
应付股利		80%		
合计				

会计主管：朱强　　制表：

图 5-115　应付股利计算表

应付投资者股利计算表

2022 年 12 月 31 日　　单位：元

股东名称	分配率	应分配金额	备注
王大力	30%		
正佳投资集团公司	70%		
合计			

会计主管：朱强　　制表：

图 5-116　应付投资者股利计算表

54. 业务 54：结转利润分配明细账

结转利润分配明细账相关原始凭证如图 5-117 所示。

本年利润分配各明细账户发生额汇总表

2022 年 12 月 1 日至 2022 年 12 月 31 日　　单位：元

项目	本年数
1. 提取盈余公积	
2. 应付股利	
合计	

会计主管：朱强　　制表：

图 5-117　本年利润分配各明细账户发生额汇总表

注：将“利润分配——提取盈余公积”“利润分配——应付股利”结转至“利润分配——未分配利润”科目。

第三节　模拟实验内容及操作设计

会计学原理手工模拟实验可以选择记账凭证账务处理程序，也可以选择科目汇总表账务处理程序。

一、记账凭证账务处理程序实验

假设广东穗升有限公司采用记账凭证账务处理程序处理业务。

记账凭证账务处理程序如图 5-118 所示。

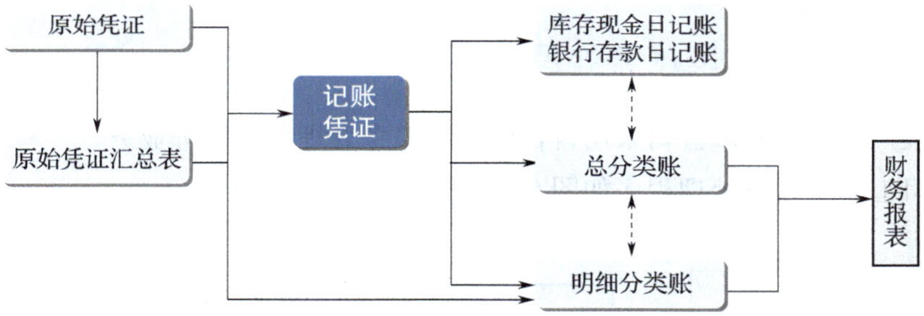

图 5-118　记账凭证账务处理程序

（一）记账凭证账务处理程序实验步骤

（1）建立各个总分类账户和相关明细账户，登记期初余额。

（2）完善相关经济业务中的原始凭证，并依据审核合格的原始凭证填制记账凭证。

（3）根据相关审核合格的原始凭证和记账凭证登记库存现金日记账和银行存款日记账。

（4）根据审核合格的原始凭证和记账凭证登记开设的有关明细账户。

（5）根据审核合格的记账凭证登记各总分类账户。

（6）期末对各总分类账户和有关明细账户的本期发生额及余额进行结账。

（7）编制总分类账户本期发生额及余额试算平衡表。进行账证核对、账账核对。

（8）编制 2022 年度 12 月份的资产负债表和利润表。

（二）记账凭证账务处理程序实验用品

（1）记账凭证68账（或收款凭证15张、付款凭证20张、转账凭证33张）。

（2）总账账页45张。

（3）明细账账页（三栏式或分类账38张、数量金额式或进销存账10张、七栏式4张、十四栏式2张，也可依据实验目的删减分类账、进销存账和多栏账用量）。

（4）日记账4张。

（5）试算平衡表1张。

（6）资产负债表和利润表各1份。

（7）记账凭证封面1张。

（8）档案袋1个。

二、科目汇总表账务处理程序实验

假设广东穗升有限公司采用科目汇总表账务处理程序处理业务。

科目汇总表账务处理程序如图5-119所示。

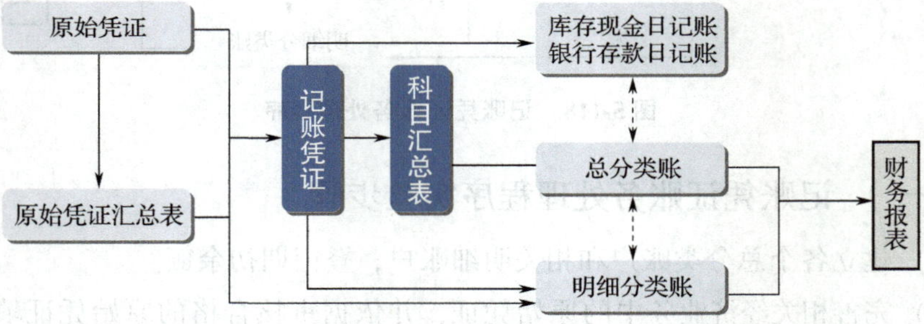

图5-119 科目汇总表账务处理程序

（一） 科目汇总表账务处理程序实验步骤

（1）建立各个总分类账户和相关明细账户，登记期初余额。

（2）完善相关经济业务中的原始凭证，并依据审核合格的原始凭证填制记账凭证。

（3）根据相关审核合格的原始凭证和记账凭证登记库存现金日记账和银行存款日记账。

（4）根据审核合格的原始凭证和记账凭证登记开设的有关明细账户。

（5）根据审核合格的记账凭证分别编制2022年12月1日—15日和16日—31日

的科目汇总表。

（6）根据科目汇总表登记各总分类账户。

（7）期末对各总分类账户和有关明细账户的本期发生额及余额进行结账和对账。

（8）编制总分类账户本期发生额及余额试算平衡表。进行总账与其所属明细账、总账与日记账的核对，进行账证核对。

（9）编制 2022 年度 12 月份资产负债表和利润表。

（二）科目汇总表账务处理程序实验用品

（1）记账凭证 68 账（或收款凭证 15 张、付款凭证 20 张、转账凭证 33 张）。

（2）总账账页 45 张。

（3）明细账账页（三栏式或分类账 38 张、数量金额式或进销存账 10 张、七栏式 4 张、十四栏式 2 张，也可依据实验目的删减分类账、进销存账和多栏账用量）。

（4）日记账 4 张。

（5）科目汇总表 4 张。

（6）试算平衡表 1 张。

（7）资产负债表和利润表各 1 份。

（8）记账凭证封面 1 张。

（9）档案袋 1 个。

参考文献

[1] 牟小容，王玉蓉．会计学原理［M］．5 版．北京：经济科学出版社，2021.

[2] 牟小容，王玉蓉．会计学原理［M］．4 版．北京：经济科学出版社，2018.

[3] 尉京红．会计综合模拟实践教程［M］．北京：中国农业出版社，2011.

[4] 王立彦，罗正英，吴联生．会计学原理：建立企业会计信息平台［M］．北京：北京大学出版社，2007.

[5] 中华人民共和国财政部．会计基础工作规范［M］．北京：经济科学出版社，1996.

[6] 中华人民共和国财政部．企业会计准则 2006［M］．北京：经济科学出版社，2006.

[7] 张天西，薛许军，董丽．中级财务会计［M］．3 版．上海：复旦大学出版社，2017.